上海市工程建设规范

预制拼装桥梁技术标准

Technical standard for prefabricated bridge

DG/TJ 08—2160—2021
J 12992—2021

主编单位：上海公路投资建设发展有限公司
　　　　　上海市城市建设设计研究总院(集团)有限公司
批准部门：上海市住房和城乡建设管理委员会
施行日期：2022年2月1日

同济大学出版社

2022　上海

图书在版编目(CIP)数据

预制拼装桥梁技术标准/上海公路投资建设发展有限公司,上海市城市建设设计研究总院(集团)有限公司主编. —上海:同济大学出版社,2022.6
ISBN 978-7-5765-0183-4

Ⅰ.①预… Ⅱ.①上…②上… Ⅲ.①预应力混凝土桥-桥梁施工-技术标准-上海 Ⅳ.①U448.355-65

中国版本图书馆 CIP 数据核字(2022)第 046041 号

预制拼装桥梁技术标准

上海公路投资建设发展有限公司
上海市城市建设设计研究总院(集团)有限公司 主编

责任编辑	朱 勇
责任校对	徐春莲
封面设计	陈益平
出版发行	同济大学出版社　www.tongjipress.com.cn
	(地址:上海市四平路1239号 邮编:200092 电话:021-65985622)
经　　销	全国各地新华书店
印　　刷	苏州市古得堡数码印刷有限公司
开　　本	889mm×1194mm　1/32
印　　张	4.375
字　　数	118 000
版　　次	2022年6月第1版　2022年10月第2次印刷
书　　号	ISBN 978-7-5765-0183-4
定　　价	45.00元

本书若有印装质量问题,请向本社发行部调换　　版权所有　侵权必究

上海市住房和城乡建设管理委员会文件

沪建标定〔2021〕587号

上海市住房和城乡建设管理委员会关于批准《预制拼装桥梁技术标准》为上海市工程建设规范的通知

各有关单位：

由上海公路投资建设发展有限公司和上海市城市建设设计研究总院（集团）有限公司主编的《预制拼装桥梁技术标准》，经我委审核，现批准为上海市工程建设规范，统一编号为DG/TJ 08—2160—2021，自2022年2月1日起实施。原《预制拼装桥墩技术规程》DG/TJ 08—2160—2015同时废止。

本规范由上海市住房和城乡建设管理委员会负责管理，上海公路投资建设发展有限公司负责解释。

特此通知。

上海市住房和城乡建设管理委员会
二〇二一年九月十五日

前　言

根据上海市住房和城乡建设管理委员会《关于印发〈2018年度上海市工程建设规范、建筑标准设计编制计划〉的通知》（沪建标定〔2017〕898号）的要求，由上海公路投资建设发展有限公司和上海市城市建设设计研究总院（集团）有限公司负责修编《预制拼装桥墩技术规程》DG/TJ 08—2160—2015。标准编制组经广泛的调查研究，认真总结实践经验，并参照国内外相关标准和规范，在反复征求意见的基础上，形成本标准。

本标准主要内容有：总则；术语和符号；基本规定；材料；结构设计；抗震设计；构造设计；工厂预制；厂内吊装及厂外运输；现场拼装等。

本次修订主要内容包括：补充了桩基、上部梁结构、桥梁护栏预制拼装技术，修改了预制桥墩技术部分条文，增加了吊点设计条文和套筒灌浆检测要求。

各单位及相关人员在执行本标准过程中，如有意见和建议，请反馈至上海市交通建设工程管理中心（地址：上海市丰和路1号；邮编：200120；E-mail：jgzx@jtw.shanghai.gov.cn），上海公路投资建设发展有限公司（地址：上海市哈密路99号；邮编：200335；E-mail：504899336@qq.com.），上海市建筑建材业市场管理总站（地址：上海市小木桥路683号；邮编：200032；E-mail：shgcbz@163.com），以供今后修订时参考。

主　编　单　位：上海公路投资建设发展有限公司
　　　　　　　　上海市城市建设设计研究总院（集团）有限公司

参 编 单 位：同济大学
上海公路桥梁(集团)有限公司
上海市隧道工程轨道交通设计研究院
上海城建市政工程(集团)有限公司
中铁上海工程局集团有限公司
柳州欧维姆机械股份有限公司
建华建材(中国)有限公司
重庆奇甫机械有限责任公司
亿箐科技(上海)有限公司
格力(无锡)新材料科技有限公司
主要起草人：周　良　黄国斌　闫兴非　查义强　冀振龙
王志强　陆元春　蒋海里　刘经熠　张　涛
王洪新　胡方健　陈文艳　王会丽　陆绍辉
张小琼　李　明　赵伟华　王明杨　王　健
林志华　李雪峰　沙丽新　张玉富　田培云
陈　竞　张凯龙　黄小国　屈宏雅　张林文
田水兵　张正银　朱　俊　艾　严　梁绍辉
李如意
主要审查人：张澎涛　赵荣欣　周正茂　杜晓庆　葛继平
胡震敏　孙九春

上海市建筑建材业市场管理总站

目 次

1 总 则 ··· 1
2 术语和符号 ··· 2
  2.1 术 语 ··· 2
  2.2 符 号 ··· 4
3 基本规定 ·· 6
4 材 料 ··· 7
  4.1 混凝土 ··· 7
  4.2 钢 筋 ··· 7
  4.3 高强无收缩水泥灌浆料 ······································ 7
  4.4 垫层砂浆 ·· 8
  4.5 灌浆连接套筒 ·· 9
  4.6 金属波纹管 ·· 12
  4.7 环氧树脂胶 ·· 15
  4.8 预应力钢筋-锚具组装件 ···································· 17
  4.9 其他材料 ·· 17
5 结构设计 ·· 18
  5.1 一般规定 ·· 18
  5.2 基 桩 ·· 19
  5.3 桥 墩 ·· 19
  5.4 混凝土节段梁 ·· 21
  5.5 混凝土小箱梁 ·· 21
  5.6 钢梁及钢-混凝土组合梁 ··································· 22
  5.7 桥梁护栏 ·· 22

	5.8 吊　点	22
6	抗震设计	24
	6.1 一般规定	24
	6.2 抗震验算	24
7	构造设计	29
	7.1 基　桩	29
	7.2 桥　墩	30
	7.3 混凝土节段梁	32
	7.4 混凝土小箱梁	32
	7.5 钢梁及钢-混凝土组合梁	33
	7.6 桥梁护栏	33
	7.7 吊　点	33
8	工厂预制	35
	8.1 一般规定	35
	8.2 场地要求	36
	8.3 基桩预制	36
	8.4 立柱、盖梁预制	37
	8.5 混凝土节段梁预制	39
	8.6 混凝土小箱梁预制	42
	8.7 钢梁及钢-混凝土组合梁预制	44
	8.8 桥梁护栏预制	45
	8.9 灌浆连接套筒厂内安装	46
	8.10 灌浆金属波纹管厂内安装	47
9	厂内吊装及厂外运输	48
	9.1 一般规定	48
	9.2 构件堆放	48
	9.3 吊　装	49
	9.4 厂外运输	49

10	现场拼装	50
	10.1 一般规定	50
	10.2 基桩施工	51
	10.3 整体式立柱、整体式盖梁拼装	53
	10.4 节段式立柱、节段式盖梁拼装	55
	10.5 节段梁拼装	56
	10.6 混凝土小箱梁安装	58
	10.7 钢梁及钢-混凝土组合梁安装	59
	10.8 桥梁护栏拼装	61
	10.9 灌浆连接工艺及检测	62

附录 A 高性能混凝土原材料性能指标要求 ······ 65
附录 B 预埋钢丝拉拔法检测灌浆质量和灌浆饱满度 ······ 66
附录 C 芯片法检测灌浆套筒灌浆饱满度 ······ 68
附录 D 压力传感器法检测灌浆套筒灌浆饱满度 ······ 69
附录 E 阵列超声成像法检测灌浆套筒灌浆饱满度 ······ 70
本标准用词说明 ······ 72
引用标准名录 ······ 73
条文说明 ······ 75

Contents

1 General provisions ··· 1
2 Terms and symbols ·· 2
   2.1 Terms ·· 2
   2.2 Symbols ·· 4
3 Basic requirements ·· 6
4 Materials ·· 7
   4.1 Concrete ··· 7
   4.2 Reinforcement ······································ 7
   4.3 High-strength non-shrink grouting materials ········· 7
   4.4 Grout pad (bedding mortar) ························ 8
   4.5 The grouting coupler ································ 9
   4.6 The grouting ducts ································· 12
   4.7 Epoxy resin adhesive ······························· 15
   4.8 Prestressing tendon-anchorage ···················· 17
   4.9 Other materials ···································· 17
5 Structural design ·· 18
   5.1 General provisions ································· 18
   5.2 Pile ··· 19
   5.3 Pier ··· 19
   5.4 Precast segmental concrete girder ················ 21
   5.5 Concrete small box girder ························· 21
   5.6 Steel beam and steel-concrete composite beam ······ 22
   5.7 Bridge guardrail ···································· 22

	5.8 Bearing point	22
6	Seismic design	24
	6.1 General provisions	24
	6.2 Seismic checking	24
7	Detailing design	29
	7.1 Pile	29
	7.2 Pier	30
	7.3 Precast segmental concrete girder	32
	7.4 Concrete small box girder	32
	7.5 Steel beam and steel-concrete composite beam	33
	7.6 Bridge guardrail	33
	7.7 Bearing point	33
8	Precast plant	35
	8.1 General provisions	35
	8.2 Site requirements	36
	8.3 Precast pile	36
	8.4 Precast column and cap beam	37
	8.5 Precast concrete segmental girder	39
	8.6 Precast concrete small box girder	42
	8.7 Precast steel beam and steel-concrete composite beam	44
	8.8 Precast bridge guardrail	45
	8.9 Installation of the grouting couplers	46
	8.10 Installation of the grouting ducts	47
9	Hoisting and transportation outside the plant	48
	9.1 General provisions	48
	9.2 Storage (stacking) of component	48
	9.3 Hoisting	49

9.4	Transportation outside the plant	49
10	On site construction	50
10.1	General provisions	50
10.2	Pile construction	51
10.3	Assembly of integral column and integral bent cap	53
10.4	Assembly of segmental column and segmental bent cap	55
10.5	Assembly of concrete segmental beams	56
10.6	Installation of concrete small box girder	58
10.7	Installation of steel beam and steel-concrete composite beam	59
10.8	Assembly of bridge guardrail	61
10.9	Grouting connection technology and detection	62
Appendix A	Requirements of high performance concrete material composition	65
Appendix B	Inspection of grouting quality by tensile test of embedded steel wire	66
Appendix C	Chip method to detect the filling degree of grouting sleeve	68
Appendix D	Pressure method to detect the filling degree filling degree of grouting sleeve	69
Appendix E	Array ultrasonic imaging method to detect the filling degree of grouting sleeve	70
Explanation of wording in this standard		72
List of quoted standards		73
Explanation of provisions		75

1 总　则

1.0.1 为了适应预制拼装技术在桥梁结构建造的应用需要,明确预制拼装桥梁的设计与施工技术要求,提高施工技术水平,缩短施工周期,降低施工对交通和环境的影响,保证施工质量和安全,制定本标准。

1.0.2 本标准适用于本市的公路、城市道路中预制拼装桥梁的设计、施工和检测。本标准中,预制混凝土桥墩的设计和施工适用于抗震设防烈度为 7 度和 7 度以下抗震设计的地区。

1.0.3 预制拼装桥梁的设计、施工与检测除应符合本标准的规定外,尚应符合国家、行业和本市现行有关标准的规定。

2 术语和符号

2.1 术　语

2.1.1 节段　segment
混凝土墩柱、盖梁或上部结构梁体等构件沿其长度方向划分成的柱段或梁段等。

2.1.2 钢-混凝土组合梁　steel-concrete composite beam
由钢梁和混凝土板连成整体并且在横截面内能够共同受力的梁。

2.1.3 节段预制拼装混凝土桥梁　precast segmental concrete bridge
工厂或现场预先制作的混凝土节段通过可靠的连接方式拼装而成的混凝土桥梁。

2.1.4 预制拼装桥墩　prefabricated bridge pier
通过预制拼装及连接构造形成的混凝土桥梁立柱、盖梁或系梁。

2.1.5 整体式预制桥梁护栏　integral prefabricated bridge guardrail
与预制主梁同时预制的桥梁护栏。

2.1.6 分体式预制桥梁护栏　separated prefabricated bridge guardrail
独立预制的桥梁护栏，在工程现场实现桥梁护栏与主梁的拼装连接，可采用螺栓，或现浇湿接带实现与主梁的连接。

2.1.7 灌浆套筒连接　grouted sleeve coupler connection
通过高强无收缩水泥灌浆料填充在钢筋与连接套筒间隙，硬化后形成接头，将一根钢筋中的力传递至另一根钢筋的连接构造。

2.1.8 灌浆金属波纹管连接　grouted and corrugated mental duct connection

通过高强无收缩水泥灌浆料填充在钢筋与金属波纹管间隙，硬化后形成对钢筋的锚固构造。

2.1.9 灌浆连接套筒 grouted coupler for rebar splicing

通过水泥灌浆料的传力作用将钢筋对接连接所用的金属套筒，通常采用铸造工艺或者机械加工工艺制造，简称灌浆套筒。灌浆套筒可分为全灌浆套筒和半灌浆套筒。

2.1.10 全灌浆套筒 whole grout sleeve

两端均采用套筒灌浆连接的灌浆套筒。

2.1.11 半灌浆套筒 grout sleeve with mechanical splicing end

一端采用套筒灌浆连接，另一端采用机械连接方式连接钢筋的灌浆套筒。

2.1.12 高强无收缩水泥灌浆料 high-strength non-shrinkage grouting material

高强无收缩水泥灌浆料是以高强度材料作为骨料，以水泥作为结合剂，辅以高流态、微膨胀、防离析等物质配制而成的，其在施工现场加入一定量的水，搅拌均匀后填充于套筒或金属波纹管和钢筋间隙内。

2.1.13 垫层砂浆 bedding mortar

填充在不同类型构件拼接缝之间的过渡层高强无收缩砂浆。常用于立柱与承台、立柱与盖梁之间的拼接。

2.1.14 环氧拼接缝 epoxy joint

采用环氧树脂胶进行连接的接缝，常用于节段之间的拼接。

2.1.15 调节垫块 adjustment cushion block

设置在不同类型构件拼接缝之间的垫块，用于调节构件标高、水平度、垂直度以及控制砂浆垫层的厚度。

2.1.16 调节设备 adjustment equipment

用于调整预制构件空间姿态的设备。

2.1.17 短线法 short-line method

预制台座底模长度为一个节段的长度，利用预制完的前一节段作为后一节段的一侧端模,固定的钢模板作为另一侧的端模,逐段进行预制的方法。

2.1.18　长线法　long-line method

预制台座底模长度为整跨梁长,将整跨主梁分成若干段,在按设计线形做成的台座上匹配浇筑形成节段直至完成整跨主梁的方法。

2.1.19　匹配　match

后一节段浇筑时利用已预制完成的前一节段作为一侧端模的浇筑形式。

2.1.20　临时预应力　temporary prestressing force

预制节段拼装过程中,在结构永久预应力施工之前,为使相邻节段紧密连接而施加的预应力。

2.2　符　号

2.2.1　作用和作用效应

　　M_y——屈服弯矩;

　　P_c——立柱截面最小轴压力;

　　V_{c0}——剪力设计值;

　　θ_p——潜在塑性铰区域的塑性转角;

　　θ_u——塑性铰区域的最大容许转角;

　　Δ_d——地震作用下柱顶的位移;

　　Δ_u——立柱容许位移;

　　ϕ_y——截面的等效屈服曲率;

　　ϕ_u——极限破坏状态的曲率。

2.2.2　计算系数

　　K——延性安全系数;

　　μ_Δ——立柱位移延性系数;

　　ϕ——抗剪强度折减系数。

2.2.3 几何特征

A_e——核心混凝土面积；

A_g——立柱塑性铰区域截面全面积；

A_{sp}——螺旋箍筋面积；

A_v——计算方向上箍筋面积总和；

b——矩形截面的短边尺寸、圆形截面直径或墩柱的宽度；

d_s——被连接纵向钢筋直径；

D'——螺旋箍筋环的直径；

h_0——核心混凝土受压边缘至受拉侧钢筋重心的距离；

H——悬臂柱的高度或塑性铰截面到反弯点的距离；

I_{eff}——有效截面抗弯惯性矩；

L_p——等效塑性铰长度；

s——箍筋的间距。

2.2.4 材料指标

E_c——混凝土弹性模量；

f_y——纵向钢筋抗拉强度标准值；

f_{cd}——混凝土抗压强度设计值；

f_{kh}——箍筋抗拉强度标准值；

ε_{cu}——约束混凝土极限压应变；

ε_{su}^R——约束钢筋的折减极限应变；

ε_{lu}——纵向钢筋的折减极限应变。

3 基本规定

3.0.1 在预制拼装桥梁工程可行性研究阶段,应综合考虑设计、预制、运输、拼装、运维等条件,采用结构合理、经济美观、运输方便、拼装快捷且后期运维方便的方案。

3.0.2 在预制拼装桥梁初步设计阶段,应遵循标准化和模数化的原则,满足通用性、模块化、组合化和轻量化的要求。

3.0.3 在预制拼装桥梁施工图设计阶段,应注重细部构造设计,满足预制拼装的质量控制和精度要求,确保预制节段之间拼装时的精确匹配和连接可靠。

3.0.4 各项工序施工前,实施单位应熟悉设计文件,领会设计意图,且应由设计单位进行设计交底。

3.0.5 各项工序施工前,实施单位应进行全面施工调查,宜根据设计要求、预制拼装精度要求、合同条件及现场情况等进行深化工艺设计,编制相应的专项施工方案。

3.0.6 预制构件验收合格后方能出厂,出厂前应在表面明显位置进行标识,包括工程名称、施工单位名称、构件编号、生产日期等。

3.0.7 预制拼装桥梁施工中有涉及新技术、新材料、新工艺、新设备的,施工人员应经过专门培训,合格后方可上岗。

4 材 料

4.1 混凝土

4.1.1 混凝土强度等级不宜低于C40。

4.1.2 主体结构宜采用高性能混凝土,其原料指标宜符合本标准附录A的规定。

4.2 钢 筋

4.2.1 钢筋宜采用HRB400级及以上热轧钢筋,HRB500级及以上钢筋的连接形式应进行专项研究。

4.2.2 钢筋应具有出厂质量证明书和试验报告单,进场时除应检查其外观和标志外,尚应分批抽取试验进行力学性能检验,检验合格后方可使用。

4.2.3 钢筋的表面应洁净、无损伤。钢筋应平直、无局部弯折。主要受力钢筋端头切断后应磨平。外露钢筋应采取临时防护措施,防止钢筋产生锈蚀和弯折。

4.3 高强无收缩水泥灌浆料

4.3.1 灌浆连接套筒或灌浆金属波纹管中使用的高强无收缩水泥灌浆料的技术指标应符合表4.3.1的规定。

表 4.3.1 高强无收缩水泥灌浆料技术指标

检测项目		性能指标
流动度(mm)	初始	≥320
	30 min	≥260
抗压强度(MPa)	1 d	≥35
	3 d	≥60
	28 d	≥100
竖向自由膨胀率(%)	3 h	≥0.02
	24 h 与 3 h 差值	0.02～0.50
	28 d 与 24 h 差值	≥0.00
氯离子含量(%)		≤0.03
泌水率(%)		0.00

注:表中技术指标试验方法应符合现行行业标准《钢筋连接用套筒灌浆料》JG/T 408 的规定。

4.3.2 产品检验可分为型式检验和现场检验。型式检验项目应包括灌浆料的初始流动度,30 min 流动度,1 d、3 d、28 d 抗压强度,竖向自由膨胀率,氯离子含量,泌水率;现场检验应符合本标准第 10.9.2 条及第 10.9.4 条的规定。

4.3.3 灌浆料生产厂家应具有专业资质,高强无收缩水泥灌浆料宜采用配套灌浆掺合料。

4.3.4 高强无收缩水泥灌浆料在干燥条件下未开封包装前有效存放时间不得大于 3 个月,包装开封后应立即使用,如有剩余应作废弃处理。

4.4 垫层砂浆

4.4.1 砂浆垫层应采用高强无收缩砂浆,在同尺寸试块加载试验下,高强无收缩砂浆 1 d 的抗压强度应不小于 30 MPa,28 d 的抗压强度应不小于 60 MPa 且高出被连接构件强度等级的一个等级 (5 MPa),28 d 竖向膨胀率应控制在 0.02%～0.10%。

4.4.2 砂浆垫层宜选用质地坚硬、级配良好的中砂,细度模数应不小于 2.6,含泥量应不大于 1%,且不应有泥块存在。

4.4.3 砂浆垫层初凝时间宜大于 2 h。

4.5 灌浆连接套筒

4.5.1 灌浆连接套筒宜采用高强球墨铸铁、优质碳素结构钢、低合金高强度结构钢或合金结构钢制作,并应在符合现行行业标准《钢筋连接用灌浆套筒》JG/T 398 规定的基础上,符合本节其他规定。

4.5.2 灌浆套筒按钢筋连接方式可分为全灌浆套筒和半灌浆套筒。半灌浆套筒宜采用机械加工。

4.5.3 采用球墨铸铁制造的灌浆套筒,其材料除应符合现行国家标准《球墨铸铁件》GB/T 1348 的规定外,尚应符合表 4.5.3 的规定。

表 4.5.3 球墨铸铁灌浆套筒的材料性能

项目	材料	抗拉强度(MPa)	断后伸长率(%)	球化率(%)	硬度(HBW)	珠光体含量(%)
性能指标	QT600—5	≥600	≥5	≥85	190～270	≥55

4.5.4 采用优质碳素结构钢、低合金高强度结构钢或合金结构钢制造的灌浆套筒,其材料性能除应符合现行国家标准《优质碳素结构钢》GB/T 699、《低合金高强结构钢》GB/T 1591、《合金结构钢》GB/T 3077、《结构用无缝钢管》GB/T 8162 的规定外,尚应符合表 4.5.4 的规定;钢材应采用退火钢。

表 4.5.4　机械加工灌浆套筒的材料性能

项目	性能指标
屈服强度（MPa）	≥355
抗拉强度（MPa）	≥600
断后伸长率（%）	≥14

4.5.5 用于机械加工灌浆套筒的冷轧精密无缝钢管，应进行退火处理。机械加工灌浆套筒采用冷压或冷轧加工加肋和缩口成型后，应再次进行退火处理。机械加工灌浆套筒成品热处理质量与检验应符合现行国家标准《冷拔或冷轧精密无缝钢管》GB/T 3639 的规定。

4.5.6 全灌浆套筒一端为预制安装端，另一端为现场拼装端，套筒中间应设置钢筋限位挡板；预制安装端及现场拼装端用于钢筋伸入锚固的长度均不应小于 $10d_s$；套筒下端应设置压浆口，套筒上端应设置出浆口，压浆口下缘与端部净距应大于 30 mm，不宜大于 50 mm；安装时，套筒方向应正确放置。全灌浆套筒尺寸宜满足表 4.5.6 的要求。

表 4.5.6　全灌浆套筒尺寸规格

主筋直径（mm）	套筒尺寸（mm）							
	最小内径	灌（出）浆口内径	球墨铸铁灌浆套筒			机械加工灌浆套筒		
			外径	最小壁厚	长度	外径	最小壁厚	长度
16	32	20	54	4	330	42	3	330
20	44	20	62	4	410	55	3	410
25	48	20	67	4.5	510	60	3.5	510
28	51	20	70	5	570	64	4	570
32	55	20	77	5.5	650	70	4.5	650
36	60	20	85	6.5	730	78	5.5	730
40	65	20	95	7	810	89	6	810

注：1. 表内套筒尺寸为采用 HRB400 级热轧钢筋连接时的推荐值，可根据实际生产条件在不影响套筒性能的前提下作适当调整。
　　2. 灌浆套筒尺寸负偏差均应满足现行行业标准《钢筋连接用灌浆套筒》JG/T 398 的规定，正偏差不作限定。

4.5.7 半灌浆套筒的钢筋机械连接端为预制安装端,另一端为现场拼装端;现场拼装端用于钢筋伸入锚固的长度不应小于 $10d_s$;现场拼装端下端应设置压浆口,上端应设置出浆口,压浆口下缘与端部净距应大于 30 mm,不宜大于 50 mm。半灌浆套筒尺寸宜满足表 4.5.7 的要求。

表 4.5.7 半灌浆套筒尺寸规格

主筋直径(mm)	套筒尺寸(mm)							
	最小内径	灌(出)浆口内径	球墨铸铁灌浆套筒			机械加工灌浆套筒		
			外径	最小壁厚	长度	外径	最小壁厚	长度
16	27	20	54	4	220	39	3	206
20	29	20	62	4	260	43	3	251
25	36	20	67	4.5	320	52	3.5	310
28	43	20	70	5	350	60	4	348
32	55	20	77	5.5	390	70	4.5	394
36	60	20	85	6.5	430	78	5.5	440
40	65	20	95	7	475	89	6	480

注:1. 表内套筒尺寸为采用 HRB400 级热轧钢筋连接时的推荐值,可根据实际生产条件在不影响套筒性能的前提下作适当调整。
2. 灌浆套筒尺寸负偏差均应满足现行行业标准《钢筋连接用灌浆套筒》JG/T 398 的规定,正偏差不作限定。

4.5.8 灌浆连接套筒与高强无收缩水泥灌浆料组合体系性能应符合现行行业标准《钢筋套筒灌浆连接应用技术规程》JGJ 355 中接头性能的规定,且接头型式试验及现场抽检试验时,试件破坏应断于母材或试件实测抗拉强度不小于被连接钢筋抗拉承载力标准值的 1.25 倍。

4.5.9 灌浆连接套筒与高强无收缩水泥灌浆料组合体系应为同一厂家产品,并应在安装前进行组合体系单向拉伸强度试验。施工现场使用的灌浆连接套筒与高强无收缩水泥灌浆料应与提供试验检测的产品保持一致。

4.5.10 灌浆连接套筒应包括相关的合格附属配件,包括压浆管、出浆管、密封环、端盖、止浆塞、密封柱塞等。端盖应能防止拼装过程中垫层砂浆倒灌入灌浆套筒。

4.5.11 灌浆连接套筒在储存和运输过程中应有防止雨淋、锈蚀、沾污和损伤等防护措施,灌浆连接套筒不应采用影响套筒与混凝土之间粘结性能的涂层材料。

4.5.12 灌浆连接套筒在安装前应进行灌浆连接套筒与高强无收缩水泥灌浆料组合体系单向拉伸强度试验,以连续生产的同原材料、同类型、同规格、同批号为一个检验批,检验每批数量不大于1 500 个,每批随机抽取 3 个灌浆套筒制作对中连接接头试件。当 3 个试件均符合第 4.5.8 条的规定时,该验收批应评为合格。当有 1 个试件不符合上述规定时,应随机再抽取 6 个试件进行抗拉强度复检,当复检的试件全部合格时,可评定该验收批为合格;复检中如仍有 1 个试件的抗拉强度不符合规定,则该验收批应评为不合格。

4.6 金属波纹管

4.6.1 金属波纹管应采用圆形钢波纹管。

4.6.2 金属波纹管应用于 HRB500 级及以下热轧钢筋连接时,钢筋锚固长不应小于 $24d_s$,且不得拼接。

4.6.3 金属波纹管应选用符合现行国家标准《直缝电焊钢管》GB/T 13793 规定的直缝钢管或符合现行国家标准《结构用无缝钢管》GB/T 8162 规定的无缝钢管。钢管采用 Q235 钢或以上牌号的钢材。

4.6.4 金属波纹管尺寸宜满足表 4.6.4-1 和表 4.6.4-2 的要求。

表 4.6.4-1 波纹管尺寸规格

波纹管外径 D(mm)	60		76					89			
钢筋直径(mm)	12	14	16	18	20	22	25	28	32	36	40
壁厚 t(mm)	2										
波高 a(mm)	3										
波谷处外径 d(mm)	$d = D - 2 \times a$										
波谷处内径 d_1(mm)	$d_1 = d - 2 \times t$										
封口板直径 d_2(mm)	$d_2 = d + 10$										
封口板厚度 t_2(mm)	3										
波纹类型	Ⅰ型(连续圆弧)							Ⅱ型(圆弧加直线形)			
波纹类型图示											
波距 p(mm)	32							32			
波宽 b(mm)	32							20～32			
波纹半径 r(mm)	21							16～42			

表 4.6.4-2 波纹管尺寸偏差

序号	项目	尺寸偏差
1	壁厚 t(mm)	±0.2
2	波距 p(mm)	±2.0
3	波高 a(mm)	±0.5
4	外径 D(mm)	±3.0
5	内径 d_1(mm)	±3.0
6	长度 L(mm)	±3.0
7	切口面倾斜(mm)	$<1‰ \times d$

注:切口面倾斜示意详见图 4.6.4-2。

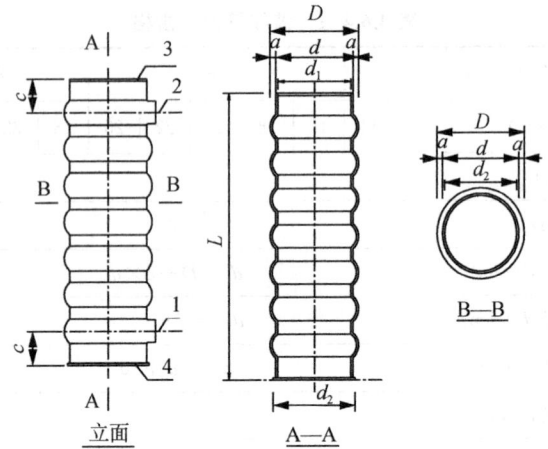

1—灌浆孔(或排浆孔);2—排浆孔(或灌浆孔);3—钢筋伸入端临时封盖;
4—封口板;a—波高;c—压浆口与端部距离,出浆口与顶部距离;d—波谷处外径;d_1—波谷处内径;L—最小锚固长度;p—波距;r—波峰半径

图 4.6.4-1　金属波纹管构造

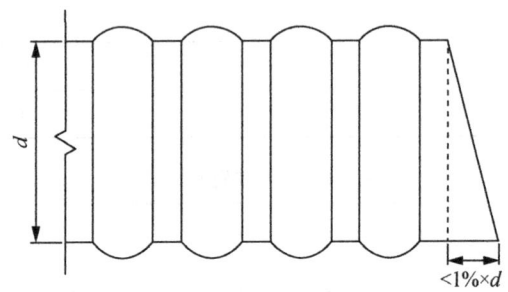

图 4.6.4-2　切口面倾斜示意图

4.6.5　金属波纹管下端应设置压浆口连接压浆管,上端应设置出浆口连接出浆管或直接由端部出浆;压浆口下缘与端部净距应大于 30 mm,不应大于 50 mm。

4.6.6　金属波纹管应包括相关的合格附属配件,包括压浆管、出浆管、钢筋伸入段封盖、封口板等。

4.6.7　金属波纹管在储存和运输过程中应有防止雨淋、锈蚀、沾污和损伤等防护措施。

4.6.8 金属波纹管与高强无收缩水泥灌浆料组合体系锚固接头的抗拉强度不应小于连接钢筋抗拉强度标准值,且破坏时应断于接头外钢筋。

4.6.9 金属波纹管在安装前应进行金属波纹管与高强无收缩水泥灌浆料组合体系单向拉伸强度试验,以连续生产的同原材料、同类型、同规格、同批号为一个检验批,检验每批数量不大于1 500个,每批随机抽取3个金属波纹管制作对中锚固接头试件。当3个试件均符合第4.6.8条的规定时,该验收批应评为合格。当有1个试件不符合上述规定时,应随机再抽取6个试件进行抗拉强度复检,当复检的试件全部合格时,可评定该验收批为合格;复检中如仍有1个试件的抗拉强度不符合规定,则该验收批应评为不合格。

4.7 环氧树脂胶

4.7.1 环氧树脂胶有害物质限量应符合现行国家标准《建筑胶粘剂有害物质限量》GB 30982的规定。

4.7.2 环氧树脂胶主要性能应符合表4.7.2的规定。

表4.7.2 环氧树脂胶主要性能

性能项目			性能要求
物理性能	颜色		固化后与被连接构件外表面颜色相近
	可施胶时间(min)		≥20
	可粘结时间(min)		≥60
	抗流挂性能(mm)		≥10
	可挤压性(mm²)	150 N	≥3 000
		2 000 N	≥7 500
		4 000 N	≥10 000

续表4.7.2

性能项目			性能要求
物理性能	收缩率(%)		≤0.1
	热变形温度(℃)		≥50
	吸水率(%)		≤0.5
	水中溶解率(%)		≤0.1
	不挥发物含量(%)		≥99
力学性能	压缩强度(MPa)	12 h	≥20
		24 h	≥60
		7 d	≥80
	压缩弹性模量(MPa)	瞬时	≥8 000
		1 h	≥6 000
	混凝土与混凝土对粘弯曲性能		混凝土本体破坏
	混凝土与混凝土压缩剪切强度(MPa)		≥14
	钢对钢拉伸抗剪强度(MPa)		≥17
	钢对混凝土的正拉粘结强度(MPa)		≥3.0,且为混凝土内聚破坏
长期使用性能	耐湿热老化性		混凝土本体破坏
	耐冻融循环能力[a]		混凝土本体破坏
	耐疲劳应力作用能力[b]/200万次		试件不破坏
长期使用性能	耐长期应力作用能力[c]		钢对钢拉伸剪切试件不破坏,且蠕变的变形值小于0.4 mm
耐介质侵蚀性能[c]	耐碱性介质		混凝土本体破坏
	耐酸性介质		混凝土本体破坏
	耐盐雾作用		混凝土本体破坏

注:1. 本表中所列均为胶体在适用温度范围内的指标。
2. 对寒冷地区使用的环氧树脂胶,应检测角标"a"的项目。
3. 对承受动荷载作用的环氧树脂胶,应检测角标"b"的项目。
4. 对使用环境的介质有特殊要求的环氧树脂胶,检测角标"c"的项目。

4.8 预应力钢筋-锚具组装件

4.8.1 预应力钢筋宜采用预应力钢绞线,也可采用热轧、轧后余热处理或热处理的精轧螺纹钢;其力学性能应符合现行国家标准《预应力混凝土用钢丝》GB/T 5223、《预应力混凝土用钢绞线》GB/T 5224 和《预应力混凝土用螺纹钢筋》GB/T 20065 的规定。

4.8.2 预制拼装桥墩中的无粘结或有粘结预应力筋-锚具组装件的锚固性能应符合现行国家标准《预应力筋用锚具、夹具和连接器》GB/T 14370 及现行行业标准《预应力筋用锚具、夹具和连接器应用技术规程》JGJ 85 的相关规定;应优先采用有粘结预应力筋-锚具组装件;无粘结预应力筋耐久性应满足现行规范的要求。

4.9 其他材料

4.9.1 钢材性能应符合现行行业标准《公路钢结构桥梁设计规范》JTG D64 的相关规定。

4.9.2 塑料波纹管的性能指标应符合现行行业标准《预应力混凝土桥梁用塑料波纹管》JT/T 529 的相关规定。

4.9.3 预应力孔道灌浆应按现行国家标准《水泥基灌浆材料应用技术规范》GB/T 50448 的规定采用专用的灌浆材料,应具有良好的流动性、和易性、泌水性和强度。

4.9.4 预埋件应按照设计文件要求制作,并按照不同材料、不同规格、不同型号分类存放。预埋件材料性能应符合相应标准的规定。

5 结构设计

5.1 一般规定

5.1.1 桥梁结构设计考虑的极限状态应按现行行业标准《公路桥涵设计通用规范》JTG D60 执行。

5.1.2 桥梁结构进行极限状态设计需考虑的多种设计状况应按现行行业标准《公路桥涵设计通用规范》JTG D60 执行。

5.1.3 桥梁结构设计采用的作用、作用分类、标准值和作用效应组合应按现行行业标准《城市桥梁设计规范》CJJ 11、《公路桥涵设计通用规范》JTG D60、《城市桥梁抗震设计规范》CJJ 166、《公路桥梁抗震设计规范》JTG/T 2231—01、《公路工程抗震规范》JTG B02、《公路桥梁抗风设计规范》JTG/T 3360 的规定计算。

5.1.4 桥梁结构材料及设计指标、结构分析、构件设计、连接构造和计算、疲劳计算、抗倾覆计算等内容,应按现行国家标准《钢-混凝土组合桥梁设计规范》GB 50917,现行行业标准《公路钢结构桥梁设计规范》JTG D64、《公路钢混组合桥梁设计与施工规范》JTG/T D64—01、《公路钢筋混凝土及预应力混凝土桥涵设计规范》JTG 3362,以及现行上海市工程建设规范《节段预制拼装预应力混凝土桥梁设计标准》DG/TJ 08—2255 的规定执行。

5.1.5 桥梁应根据结构特点、使用年限、环境条件、施工条件等进行耐久性设计。耐久性设计可按现行国家标准《混凝土结构耐久性设计标准》GB/T 50476 和现行行业标准《公路工程混凝土结构耐久性设计规范》JTG/T 3310 的规定执行。拼接缝处环氧树脂胶和砂浆垫层应满足材料耐久性能指标要求。

5.1.6 预制拼装桥梁应注重构造设计,应考虑装配式结构的精度要求,确保预制构件之间拼装时的精确匹配。
5.1.7 预制构件的划分尺寸和重量应根据吊装、运输等限制条件确定。

5.2 基 桩

5.2.1 预制桩基础可采用预应力混凝土管桩、混合配筋预应力混凝土管桩、钢桩等桩型。预制桩的选型和沉桩工艺应考虑工程地质情况、建设区域抗震设防烈度、上部结构特点、荷载大小及性质、施工条件、沉桩设备等因素综合分析后选用。

5.2.2 预制桩的截面尺寸应根据荷载大小、桩基形式和施工条件等因素综合确定。

5.2.3 预应力混凝土管桩、混合配筋预应力混凝土管桩的基本尺寸、技术性能指标应符合现行国家标准《先张法预应力混凝土管桩》GB 13476 和现行行业标准《预应力混凝土管桩技术标准》JGJ/T 406 的有关规定。

5.2.4 高强混凝土薄壁钢管桩基本尺寸、技术性能指标等应符合现行行业标准《预制高强混凝土薄壁钢管桩》JG/T 272 的有关规定。

5.2.5 钢管桩基本尺寸、技术性能指标等应符合现行行业标准《公路桥涵地基与基础设计规范》JTG 3363 的有关规定。

5.2.6 预制桩基础的结构验算应符合现行行业标准《公路桥涵地基与基础设计规范》JTG 3363 和现行上海市工程建设规范《地基基础设计标准》DGJ 08—11 的有关规定。

5.3 桥 墩

5.3.1 灌浆套筒连接可用于预制立柱与承台、立柱与盖梁和立柱墩身节段之间的连接,并可布置在同一断面;灌浆金属波纹管连接可用于预制立柱与承台和立柱与盖梁之间的连接。

5.3.2 承插式、插槽式以及超高性能混凝土接头连接等新型的预制立柱在经过试验验证,并通过行业相关机构组织的专家鉴定及设计单位认可后,方可在设计中采用。

5.3.3 满足本标准对灌浆连接套筒、金属波纹管、高强无收缩水泥灌浆料以及砂浆垫层等连接材料和构造要求时,预制拼装桥墩可按现行行业标准《公路桥涵设计通用规范》JTG D60 和《公路钢筋混凝土及预应力混凝土桥涵设计规范》JTG 3362 进行验算。

5.3.4 塑性铰区域不应使用半灌浆套筒。

5.3.5 采用沿长度方向分段预制拼装的盖梁和系梁,在进行正常使用极限状态计算时,应保持盖梁和系梁的接缝正截面全截面受压;在进行承载能力极限状态计算时,应计入拼接缝张开时对盖梁和系梁的承载能力的影响;在分段安装时,应按短暂状况进行构件的应力计算,盖梁和系梁的节段间应均匀受力,不宜小于 0.3 MPa。

5.3.6 灌浆连接套筒布置在预制立柱中时,应考虑套筒对立柱刚度及相关构造的影响。

5.3.7 采用分节预制拼装的立柱,在分节安装时,立柱节段间应均匀受力,压应力不宜小于 0.15 MPa。

5.3.8 设计的施工工序应避免高强无收缩水泥灌浆料在凝固过程中产生破坏,应满足下列规定:

1 灌浆套筒连接和金属波纹管连接能在进入下一工序后保持受压时,进入相应工序前内部填充的高强无收缩水泥灌浆料强度应大于 35 MPa。

2 当灌浆套筒连接和金属波纹管连接不能在进入下一工序后保持受压时,进入相应工序前,内部填充的高强无收缩水泥灌浆料强度应大于 60 MPa。

5.3.9 预制立柱耐久性设计在满足现行国家标准《混凝土结构耐久性设计标准》GB/T 50476 和现行行业标准《公路工程混凝土结

构耐久性设计规范》JTG/T 3310的同时,应满足下列规定:

1 当矩形、T形和I形截面偏心受压立柱构件满足$e_0/h \leqslant 0.55$,或圆形截面偏心受压构件满足$e_0/r \leqslant 0.55$时,可不对接缝层进行特殊处理。

2 当立柱受力状态不满足第1款要求,在作用(荷载)的频遇组合和荷载准永久组合下接缝处正截面受拉边缘出现拉应力,但拉应力小于预制构件材料和接缝界面材料的允许设计拉应力时,可不对接缝层进行特殊处理。

3 当立柱受力状态不满足第1款和第2款的要求,但是按频遇组合并考虑长期作用影响计算的裂缝宽度不超过规范规定的最大裂缝宽度限值时,可采用合适方式将受拉边缘拉应力控制在预制构件材料和接缝界面材料的相应允许设计拉应力范围内,或将接缝层埋入承台结构内部5 cm以上,同时接缝层外包承台混凝土应满足设计强度、刚度、耐久性的要求。

5.4 混凝土节段梁

5.4.1 混凝土节段大箱梁的适用跨径不宜小于35 m。

5.4.2 混凝土节段大箱梁宜按照体内外混合配束的原则设计。

5.4.3 混凝土节段大箱梁设计中应包含接缝部位的耐久性技术措施。

5.5 混凝土小箱梁

5.5.1 混凝土小箱梁的适用跨径宜为25 m~35 m。

5.5.2 混凝土小箱梁可采用先结构简支后结构连续、结构简支桥面板连续、结构简支桥面连续等形式。

5.5.3 桥面连续构造宜使用纤维增强混凝土或超高性能混凝土。桥面连续构造应进行持久状况承载能力极限状态和正常使用极限状态下的性能验算。对于未经工程应用的新型桥面连续构造，应进行试验验证。

5.6 钢梁及钢-混凝土组合梁

5.6.1 钢梁的适用跨径不宜小于40 m，钢-混凝土组合梁的适用跨径不宜小于30 m。

5.6.2 钢梁及钢-混凝土组合梁设计宜采用标准化、通用化、模数化的结构单元和构件，构造与连接应便于制作、安装、检查和维护。

5.6.3 钢-混凝土组合梁宜采用预制混凝土桥面板。在跨径不大的多梁式结构(组合工字梁、组合小箱梁)中，宜采取措施使混凝土桥面板与钢结构共同承受恒载，并宜采取措施减少桥面板收缩徐变产生的负面作用。

5.7 桥梁护栏

5.7.1 预制桥梁护栏可采用整体式预制桥梁护栏或分体式预制桥梁护栏。

5.7.2 预制桥梁护栏可采用屈服线分析和强度设计的理论，护栏构件的设计方法应按现行行业标准《公路交通安全设施设计细则》JTG/T D81执行。

5.7.3 分体式预制桥梁护栏与桥面板应可靠连接。

5.8 吊　点

5.8.1 预制构件的吊点可采用预埋钢筋吊环、预埋钢绞线吊环、预留吊装孔、预埋吊耳等形式。

5.8.2 吊点设计除应进行吊件在拉拔、剪切和拉剪耦合三种受力状态下自身强度验算外,尚应对预埋吊件的各种锚固破坏形态进行验算。验算时,应考虑各种不利荷载的基本组合,分项系数应取为1。吊环的应力允许值应计入安全系数和动力系数的影响,且不应大于屈服强度标准值的0.22倍。

5.8.3 预埋钢筋吊环应采用 HPB300 钢筋制作,严禁使用冷加工钢筋。每个吊环按两肢截面计算,在构件自重标准值作用下,吊环的拉应力不应大于 65 MPa。

5.8.4 预埋钢绞线吊环宜采用符合现行国家标准《预应力混凝土用钢绞线》GB/T 5224 的公称直径为 15.2 mm、抗拉强度标准值为 1 860 MPa 的高强度低松弛钢绞线。每个吊环按两肢截面计算,只存在垂直吊工况时,在荷载基本组合作用下,钢绞线的拉应力不应大于 350 MPa;对于存在翻转和垂直吊组合工况,且翻转次数不大于 3 次时,在荷载基本组合作用下,钢绞线的拉应力不应大于 280 MPa。

5.8.5 吊点混凝土的承载能力验算可按现行行业标准《混凝土结构后锚固技术规程》JGJ 145 执行。

5.8.6 构件吊点应根据构件重心位置和吊装工况按照最不利情况分配吊点荷载。

5.8.7 构件翻身次数超过 3 次及以上,单个钢绞线吊环承载能力标准值应通过现场同工况试验确定,由试验确定的钢绞线吊环安全系数不应小于 3。

6 抗震设计

6.1 一般规定

6.1.1 预制拼装桥墩抗震设计、分析计算、验算和延性构造应符合现行行业标准《城市桥梁抗震设计规范》CJJ 166 和《公路桥梁抗震设计规范》JTG/T 2231—01 的规定。

6.1.2 在进行预制拼装桥墩抗震分析时,E1 地震作用下,立柱抗弯刚度可按毛截面计算,考虑柱身内连接套筒对立柱刚度的影响;E2 地震作用下,潜在屈服立柱的有效截面抗弯刚度应按下式计算:

$$E_c \times I_{eff} = \frac{M_y}{\phi_y} \tag{6.1.2}$$

式中:E_c——立柱的混凝土弹性模量(kN/m^2);
  I_{eff}——立柱有效截面抗弯惯性矩(m^4);
  M_y——立柱屈服弯矩($kN \cdot m$);
  ϕ_y——等效屈服曲率($1/m$)。

6.1.3 E1 地震作用下,预制拼装立柱在弹性范围内工作,基本不损伤,应校核其强度;E2 地震作用下,预制拼装立柱可发生损伤,产生弹塑性变形,耗散地震能量,但立柱的塑性铰区域应具有足够的塑性变形能力。

6.1.4 预制拼装桥墩中的盖梁和基础应按能力保护原则设计,在 E2 地震作用下基本不发生损伤。

6.2 抗震验算

6.2.1 E2 地震作用下,预制拼装立柱按式(6.2.2)验算潜在塑性铰区域沿顺桥向、横桥向的塑性转动能力,但对于规则桥梁,可按式(6.2.3)验算桥立柱顶的位移。

6.2.2 E2地震作用下,应按下式验算立柱潜在塑性铰区域沿顺桥向、横桥向的塑性转动能力:

$$\theta_p \leqslant \theta_u \qquad (6.2.2)$$

式中:θ_p——在E2地震作用下,潜在塑性铰区域的塑性转角;

θ_u——塑性铰区域的最大容许转角,按本标准第6.2.4条的规定计算。

6.2.3 在E2地震作用下,规则桥梁中的预制拼装立柱可按下式验算柱顶的位移:

$$\Delta_d \leqslant \Delta_u \qquad (6.2.3)$$

式中:Δ_d——E2地震作用下柱顶的位移(cm);

Δ_u——立柱容许位移(cm),可按本标准第6.2.5条或第6.2.6条的规定计算。

6.2.4 塑性铰区域的最大容许转角应根据极限破坏状态的曲率能力,按下式计算:

$$\theta_u = L_p(\phi_u - \phi_y)/K \qquad (6.2.4\text{-}1)$$

式中:ϕ_y——截面的等效屈服曲率(1/cm),可按本标准第6.2.7条的规定计算;

ϕ_u——极限破坏状态的曲率能力(1/cm),可按本标准第6.2.8条的规定计算;

K——延性安全系数,灌浆套筒位于墩身潜在塑性铰区域时取2.5,灌浆套筒或灌浆金属波纹管位于承台或盖梁内时取2.2;

L_p——等效塑性铰长度(cm),可取下两式计算结果的较小值:

$$L_p = 0.08H + 0.022 f_y d_s \geqslant 0.044 f_y d_s \qquad (6.2.4\text{-}2)$$

$$L_p = \frac{2}{3}b \qquad (6.2.4-3)$$

式中：H——悬臂柱的高度或塑性铰截面到反弯点的距离(cm)；

b——矩形截面的短边尺寸或圆形截面直径(cm)；

f_y——纵向钢筋抗拉强度标准值(MPa)；

d_s——纵向钢筋的直径(cm)。

6.2.5 预制单立柱容许位移应按下式计算：

$$\Delta_u = \frac{1}{3}H^2 \times \phi_y + \left(H - \frac{L_p}{2}\right) \times \theta_u \qquad (6.2.5)$$

6.2.6 对于预制双柱墩、排架墩(图 6.2.6)，其顺桥向的容许位移可按式(6.2.5)计算；横桥向的容许位移可在盖梁处施加水平力 F，进行非线性静力分析，当立柱的任一塑性铰达到其最大容许转角时，盖梁处的横桥向水平位移即为容许位移。

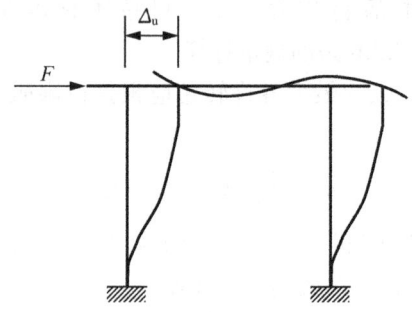

Δ_u—立柱容许位移；F—水平力

图 6.2.6 框架墩

6.2.7 理想弹塑性弯矩-曲率(M-ϕ)曲线的等效屈服曲率 ϕ_y 可根据图 6.2.7 中两个阴影面积相等求得，计算中应考虑最不利轴力组合。

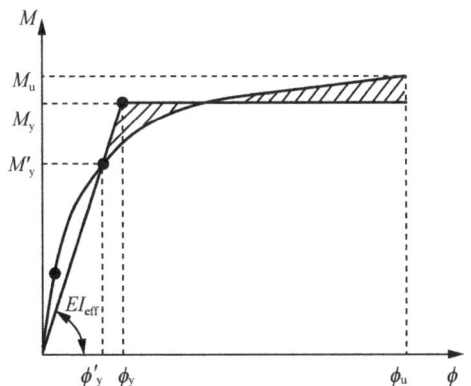

M_u—截面极限弯矩;M_y—等效截面屈曲弯矩;M_y'—截面初始屈服弯矩;
ϕ_u—截面极限曲率;ϕ_y—截面等效屈曲曲率;ϕ_y'—截面初始屈服曲率

图 6.2.7 等效屈服曲率

6.2.8 极限破坏状态的曲率能力 ϕ_u 应通过考虑最不利轴力组合的 M-ϕ 曲线确定,为混凝土应变达到极限压应变 ε_{cu},或约束钢筋达到折减极限应变 ε_{su}^R,或纵向钢筋达到折减极限应变 ε_{lu} 时相应的曲率。

6.2.9 对于高宽比小于 2.5 的预制拼装矮立柱,可不验算立柱的变形,但应将其顺桥向和横桥向 E2 地震作用效应和永久作用效应组合后,按现行行业标准《公路钢筋混凝土及预应力混凝土桥涵设计规范》JTG 3362 的规定验算立柱的强度。

6.2.10 预制拼装立柱塑性铰区域沿顺桥向和横桥向的斜截面抗剪强度应按公式(6.2.10-1)和式(6.2.10-2)验算:

$$V_{c0} \leqslant \varphi(V_c + V_s) \quad (6.2.10\text{-}1)$$

$$V_c = 0.1 v_c A_e \quad (6.2.10\text{-}2)$$

$$v_c = \begin{cases} 0, & P_c \leqslant 0 \\ \lambda\left(1 + \dfrac{P_c}{1.38 \times A_g}\right)\sqrt{f_{cd}} \leqslant \min\begin{cases} 0.355\sqrt{f_{cd}} \\ 1.47\lambda\sqrt{f_{cd}} \end{cases} & P_c > 0 \end{cases}$$

$$(6.2.10\text{-}3)$$

$$0.03 \leqslant \lambda = \frac{\rho_s f_{kh}}{10} + 0.38 - 0.1\mu_\Delta \leqslant 0.3 \quad (6.2.10\text{-}4)$$

$$\rho_s f_{kh} = \begin{cases} \dfrac{4A_{sp}}{sD'}, & \text{圆形截面} \\ \dfrac{2A_v}{bs}, & \text{矩形截面} \end{cases} \leqslant \frac{2.4}{f_{kh}} \quad (6.2.10\text{-}5)$$

$$V_s = \begin{cases} 0.1 \times \dfrac{\pi}{2} \dfrac{A_{sp} f_{kh} D'}{s}, & \text{圆形截面} \\ 0.1 \times \dfrac{A_v f_{kh} h_0}{s}, & \text{矩形截面} \end{cases} \leqslant 0.08\sqrt{f_{cd}} A_e$$

$$(6.2.10\text{-}6)$$

式中：V_{c0}——剪力设计值(kN)；

$\quad\quad f_{cd}$——混凝土抗压强度设计值(MPa)；

$\quad\quad A_e$——核心混凝土面积，可取 $A_e = 0.8A_g (\text{cm}^2)$；

$\quad\quad A_g$——立柱塑性铰区域截面全面积(cm^2)；

$\quad\quad \mu_\Delta$——立柱位移延性系数，为立柱地震位移需求 Δ_d 与立柱塑性铰屈服时的位移 Δ_y 之比；

$\quad\quad P_c$——立柱截面最小轴压力，对于框架墩横向需按本标准第 6.2.6 条计算(kN)；

$\quad\quad A_{sp}$——螺旋箍筋面积(cm^2)；

$\quad\quad A_v$——计算方向上箍筋面积总和(cm^2)；

$\quad\quad s$——箍筋的间距(cm)；

$\quad\quad f_{kh}$——箍筋抗拉强度标准值(MPa)；

$\quad\quad b$——墩柱的宽度(cm)；

$\quad\quad D'$——螺旋箍筋环的直径(cm)；

$\quad\quad h_0$——核心混凝土受压边缘至受拉侧钢筋重心的距离(cm)；

$\quad\quad \phi$——抗剪强度折减系数，$\phi = 0.85$。

7 构造设计

7.1 基 桩

7.1.1 预制桩的接桩可采用焊接、抱箍式连接或法兰连接等机械连接方式。

7.1.2 预制桩的分节长度应根据地质、运输及施工条件确定,锤击桩接头不宜大于 2 个,静压桩接头不宜大于 3 个。当下节桩端即将进入硬塑黏性土、中密砂土或碎石土等较难进入的土层时,不宜接桩。

7.1.3 桩的接头位置应设置在非液化土层中。

7.1.4 预应力混凝土管桩与承台连接处的填芯混凝土灌注深度不得小于 $3d$(d 为管桩外径),且不得小于 1.5 m,填芯混凝土强度等级不得低于 C40。

7.1.5 预制桩与承台的连接应符合下列规定:

1 桩顶嵌入承台内长度应满足以下要求:当桩径小于或等于 600 mm 时,不应小于 50 mm;当桩径大于 600 mm 时,不应小于 100 mm。

2 采用预制桩内的纵向钢筋直接与承台锚固时,锚固长度不得小于 50 倍纵向钢筋直径,且不小于 500 mm。当采用锚入和腔内的后插钢筋与承台连接时,其锚入承台内长度不应小于 35 倍纵向钢筋直径。

3 对于抗拔桩,应优先将桩身纵向钢筋全部直接锚入承台内;当采用其他方式与承台连接时,纵向钢筋锚入承台内的长度应符合现行行业标准《公路钢筋混凝土及预应力混凝土桥涵设计规范》JTG 3362 的相关要求。

7.2 桥 墩

7.2.1 预制拼装桥墩设计中应考虑预应力筋管道、钢筋、连接套筒或金属波纹管相互之间的合理布置。

7.2.2 预制拼装立柱纵向钢筋宜采用大直径钢筋,纵向钢筋之间的中心距宜小于 200 mm,且至少每隔一根宜用箍筋或拉筋固定。

7.2.3 预制拼装桥墩套筒间净距不宜小于下面三个条件中的大值:25 mm;骨料最大粒径的 1.5 倍;被连接纵向钢筋的直径 d_s。

7.2.4 采用灌浆套筒连接建造的预制桥墩,应在灌浆连接套筒压浆口下缘处设一道箍筋。

7.2.5 预制拼装桥墩中的圆形金属波纹管净距不应小于 50 mm,且不应小于管道直径的 1 倍,保护层厚度宜大于 100 mm。

7.2.6 预制拼装桥墩中的灌浆套筒的混凝土保护层厚度不应小于 30 mm,最外侧钢筋的混凝土保护层厚度宜符合现行行业标准《公路钢筋混凝土及预应力混凝土桥涵设计规范》JTG 3362 的规定。

7.2.7 当预制拼装桥墩中纵向受力钢筋的混凝土保护层厚度大于 50 mm、小于 65 mm,且由作用频遇组合和预加力产生的混凝土主拉应力小于 0.7 倍混凝土的抗拉强度标准值时,可不配置防裂、防剥落的钢筋网片。

7.2.8 预制拼装桥墩中立柱与承台、立柱与盖梁之间宜采用垫层砂浆接缝,厚度宜为 20 mm~30 mm;立柱与立柱节段、盖梁与盖梁节段之间宜采用环氧树脂胶接缝,厚度宜为 1 mm~3 mm。

7.2.9 对于设防烈度 7 度地区,连接套筒设置在墩身且其位于潜在塑性铰区域内时,箍筋的配置还应符合下列要求:

  1 箍筋加密区的长度应符合现行行业标准《城市桥梁抗震设计规范》CJJ 166 和《公路桥梁抗震设计规范》JTG/T 2231—01 的规定,且不应小于连接套筒的高度+5d(d 为连接套筒外径)。

2 连接套筒高度+5d（d 为连接套筒外径）范围外箍筋量应逐渐减少。

7.2.10 墩柱的纵向钢筋应延伸至盖梁和承台的另一侧面，且纵向钢筋的锚固长度应在现行行业标准《公路钢筋混凝土及预应力混凝土桥涵设计规范》JTG 3362 要求的基础上增加 $10d_s$（d_s 为纵向钢筋的直径）或采用其他等效锚固措施。

7.2.11 预制拼装桥墩柱身塑性铰加密区域配置的箍筋应延伸至盖梁和承台内；当连接套筒或波纹管位于盖梁或承台内时，在满足现行抗震设计规范构造要求的情况下，延伸至盖梁和承台的距离还应不小于连接套筒或波纹管的高度。

7.2.12 预制立柱中采用预应力钢绞线或精轧螺纹钢时，宜将张拉端置于立柱顶端，锚固端置于承台内，锚固端采用预埋式带索 P 型锚具或后穿自锁式锚具。

7.2.13 预制拼装盖梁采用上、下分层浇筑混凝土时，下层预制构件与上层现浇结构之间可不使用剪力键；预制拼装盖梁采用横向分段预制拼装建造时，预制构件的拼接面应采用剪力键。

7.2.14 带系梁的桩柱式桥墩预制构件应符合下列规定：

1 如中部系梁整体预制，上、下应各带一段立柱，每段高度应不小于 1.5 倍柱径或 1.5 倍立柱长边尺寸。

2 如顶部系梁整体预制，上端至立柱顶，下端带立柱预制，长度应不小于 1.5 倍柱径或 1.5 倍立柱长边尺寸。

3 如系梁分段预制并设置预应力，拼接缝可设置在系梁端部距离立柱不小于 0.5 m 处，接缝应采用环氧树脂胶，拼接面应斜向设置。

7.2.15 对可能承受车辆撞击力作用的墩柱，可考虑采用剪力键拼接方式。剪力键中宜布置直径不小于 6 mm 的构造钢筋。根据安装时剪力键中环氧树脂胶粘结剂的挤出能力，合理布置导浆槽或其他促进环氧树脂胶挤出的措施。

7.2.16 立柱拼接缝宜避开水位变动区。

7.3 混凝土节段梁

7.3.1 混凝土节段梁构造设计应利于施工标准化。

7.3.2 体外预应力钢索应可更换，设计使用年限应不低于 35 年。体外预应力钢索更换时，应不影响现状桥面交通。

7.3.3 混凝土节段梁的其他构造设计应按照现行上海市工程建设规范《节段预制拼装预应力混凝土桥梁设计标准》DG/TJ 08—2255 的相关规定执行。

7.4 混凝土小箱梁

7.4.1 混凝土小箱梁桥应设置支点横隔梁。可根据受力确定跨内横隔梁设置。当混凝土小箱梁桥不设置跨内横隔梁时，宜加强支点横隔梁构造及配筋，宜设置桥面钢筋混凝土找平层并加强横桥向配筋。

7.4.2 混凝土小箱梁桥面板宜采用免焊接窄缝湿接构造，并应满足下列要求：

1 桥面板窄缝湿接段宽度不宜小于 300 mm，窄缝横桥向断面宜为倒梯形或内凹形，湿接段厚度宜与桥面板等厚。

2 湿接段混凝土强度等级应比小箱梁主体结构混凝土高 10 MPa，宜采用掺钢纤维的 C60 混凝土或 C80 自密实无收缩混凝土。

3 混凝土预制小箱梁应设置匹配的外伸 U 型钢筋交错圈接。U 型闭合环形钢筋的直径宜采用 20 mm，单梁上顺桥向的间距不应大于 200 mm，相邻梁的 U 型钢筋顺桥向应均匀交错，横桥向重叠长度不应小于 240 mm。

4 圈接钢筋重叠区域内应设置顺桥向贯通钢筋，直径不应小于 12 mm，上下层可各为 3 肢，U 型圆端中部各为 1 肢。

7.4.3 混凝土小箱梁顶板负弯矩钢束宜采用圆形锚具,其余钢束宜采用深埋锚具。

7.4.4 小箱梁的端横梁可设计成后浇筑的形式。

7.5 钢梁及钢-混凝土组合梁

7.5.1 40 m 及以下跨径的桥梁中,钢梁及钢-混凝土组合梁的钢腹板宜不设加劲肋或仅设横向加劲肋,并保证腹板高厚比满足稳定要求。

7.5.2 采用钢结构主梁的城市桥梁,主体结构防腐宜优先选用漆类复合涂装。

7.5.3 钢桥结构单次涂装的防腐年限应不小于 15 年。

7.6 桥梁护栏

7.6.1 预制桥梁护栏构造中应包含管线、灯杆基础、声屏障基础等预埋件布置。

7.6.2 分体式预制桥梁护栏结构标准段长度宜为 4 m~6 m。

7.6.3 分体式预制桥梁护栏与主梁的结合面之间应设置防水层。

7.6.4 分体式预制桥梁护栏节段之间应做防水设计。

7.6.5 分体式预制桥梁护栏节段之间纵向连接,可按现行行业标准《公路交通安全设施设计细则》JTG/T D81 中相关规定执行。

7.6.6 分体式预制桥梁护栏与主梁之间的拼装接缝砂浆垫层厚度宜为 20 mm~30 mm。

7.7 吊 点

7.7.1 预埋钢筋吊环中钢筋锚入预制构件的深度不应小于 35 倍吊环直径,端部应做成 180°弯钩,且应与构件内钢筋焊接或绑扎。

7.7.2 预埋钢绞线吊环布置应符合下列规定：
　　1 制作时，宜采用2根～3根钢绞线一组进行弯制。
　　2 预埋时，钢绞线吊环宜伸出预制构件200 mm以上，伸出部分宜采用1 mm厚以上的铁管进行包裹；锚固端应按P锚设置，埋深应大于1 m。钢绞线吊环的弯曲半径不应小于80 mm。
　　3 钢绞线端部应布设钢丝网片进行加强。
7.7.3 预制构件的吊点距离预制构件边缘的最小边距应大于15 cm。

8 工厂预制

8.1 一般规定

8.1.1 构件预制用钢筋笼胎架、钢筋笼定位板、预制台座、模板、吊具等设备应根据具体预制工艺和精度要求进行专项设计。

8.1.2 构件模具宜采用专门设计的钢模具，应具有足够的强度、刚度和稳定性，应能承受预制生产过程中所产生的各种荷载。模具的表面应平整、光洁，接缝处应严密不漏浆。

8.1.3 构件钢筋笼加工、灌浆连接套筒或金属波纹管安装定位、预埋件埋设、台座标高等精度控制应按照本章具体规定严格执行，验收合格后方可使用。

8.1.4 所有原材料应按照本标准和相关规范的要求进行试验检测。

8.1.5 垫层砂浆连接拼接缝处的构件表面在浇筑完成后应及时粗糙化处理至完全露出混凝土的粗骨料，并应用洁净水冲洗干净。

8.1.6 养护方案应根据混凝土性能制定，构件预制完成后应及时洒水养护，养护时间应不小于 7 d，混凝土养护用水的品质应符合现行行业标准《混凝土用水标准》JGJ 63 的规定，不得采用海水或含有害物质的水。

8.1.7 预制构件的质量评定应符合现行行业标准《公路工程质量检验评定标准　第一册　土建工程》JTG F80/1 或相关地方验收标准的规定。

8.1.8 对于特殊气候条件下的生产（冬期、雨期和热期），应符合现行行业标准《公路桥涵施工技术规范》JTG/T 3650 的规定。

8.2 场地要求

8.2.1 预制厂场地面积应根据工程量、工程进度等因素综合考虑。

8.2.2 预制厂场地选址应充分考虑厂内、外运输条件。

8.2.3 预制厂场地地基处理应充分考虑预制台座、存放台座、机械设备和其他生产工具的荷载大小,应具有足够的承载能力,预制台座及存放台座应无不均匀沉降。

8.2.4 预制厂场地规划和布置应进行专项设计,应考虑预制构件的预制工艺和运输吊装工艺,应设置钢筋加工车间、混凝土拌合系统、大吨位起重设备、专用台座、混凝土浇筑养生系统、运输道路、防排水设施等。

8.3 基桩预制

8.3.1 预应力混凝土管桩的预制应符合现行国家标准《先张法预应力混凝土管桩》GB 13476 和现行行业标准《预应力混凝土管桩技术标准》JGJ/T 406 的相关规定。

8.3.2 钢管桩的制作应符合现行行业标准《公路桥涵施工技术规范》JTG/T 3650 的相关规定。

8.3.3 分节预制下节桩的桩头处宜设置导向箍或其他导向措施。预制管桩各部位的尺寸允许偏差应符合表 8.3.3 的规定。

表 8.3.3 预制管桩的尺寸允许偏差

序号	项 目		允许偏差
1	L(桩长)(mm)		$\pm 0.5\%L$
2	端部倾斜		$\leqslant 0.5\%D$
3	D(桩径)(mm)	300 mm～700 mm	$+5$ -2
		800 mm 及以上	$+7$ -4

续表8.3.3

序号	项目		允许偏差
4	t(管桩壁厚)(mm)		+20
5	保护层厚度(mm)		+5 0
6	桩身弯曲度	$L \leqslant 15$ m	$\leqslant L/1000$
		15 m$\leqslant L \leqslant$30 m	$\leqslant L/2000$
7	端板	端板平整度(mm)	≤0.5
		外径(mm)	0 −1
		内径(mm)	0 −2
		厚度	允许正偏差

8.3.4 钢管桩以及混凝土桩身接头钢结构外露部分应作防锈处理。

8.4 立柱、盖梁预制

8.4.1 预制拼装通过控制各拼接面浆液厚度以确保桥面标高满足设计要求。立柱预制时,高度应考虑各拼接面浆液总厚度。

8.4.2 构件钢筋骨架制作应符合下列规定:

1 钢筋骨架应在专用胎架上制作加工成型,胎架应有足够的强度和刚度,且其支撑定位体系应保证主要受力钢筋不变形。

2 钢筋骨架应安装构件吊装所需的吊点预埋件、现场调节设备用的预埋件、支座预埋件、防雷接地预埋件、沉降观测预埋件等各类预埋件。

3 钢筋骨架吊点布置应合理,应采用专用吊具多点平衡起吊,防止变形。

4 钢筋骨架中的灌浆连接套筒或金属波纹管应采取加固措施,保证吊装及混凝土浇筑时不发生变形或移位。

5 当立柱与其上的盖梁采用灌浆套筒或灌浆金属波纹管连接时,留出筋一端主筋应采用专用定位板定位固定,定位允许偏差应符合表 8.4.3 的规定;当立柱与其上的盖梁采用现浇混凝土连接时,立柱钢筋骨架留出筋一端主筋定位允许偏差可放宽到 ±5 mm。

8.4.3 预制构件混凝土浇筑前,应对灌浆套筒或金属波纹管定位进行检查,同时应对台座、模板、预埋件及预留孔等进行复测,精度应符合表 8.4.3 的规定。

表 8.4.3 混凝土浇筑前模板及预埋件安装允许偏差

项 目		允许偏差
灌浆套筒或金属波纹管定位(mm)		±2
台座平面高差(mm)		±2
模板表面平整度(mm/2 m)		±2
墩柱模板垂直度		0.1%,且≤5 mm
模板尺寸(mm)		±3
用于锚固连接灌浆套筒或金属波纹管的主筋(mm)	位置	±2
	预留长度	−2,0
匹配节段定位(mm)	纵轴线	±2
	高程	±2
预埋件(mm)	支座板等预埋钢板 位置	3
	支座板等预埋钢板 平面高差	2
	螺栓及其他预埋件 位置	5
	螺栓及其他预埋件 外露尺寸	±5
吊孔(mm)	位置	2

8.4.4 立柱宜竖向预制,混凝土宜一次性浇筑完成。

8.4.5 当盖梁采用节段预制时,其节段应采用匹配预制。

8.4.6 盖梁混凝土应一次性浇筑完成,浇筑时宜先行浇筑灌浆连接套筒或灌浆金属波纹管范围内的混凝土。

8.4.7 上节立柱宜设置调节设备,用于调节的预埋件应在立柱预制时安装。

8.4.8 预制构件出场前应进行质量验收,构件预制精度应符合表 8.4.8 的规定。

表 8.4.8 构件预制允许偏差

项 目		规定值或允许偏差
混凝土抗压强度(MPa)		在合格标准内
构件尺寸(mm)	长度	±3
	宽度	±3
	高度	−5,0
灌浆套筒或金属波纹管定位(mm)	位置	±2
用于锚固连接灌浆套筒或金属波纹管的主筋(mm)	定位	±2
	预留长度	−2,0
预埋件(mm)	支座板等预埋件 位置	±10
	支座板等预埋件 平面高差	±5
	螺栓及其他预埋件 位置	±5
	螺栓及其他预埋件 外露尺寸	±5
吊孔(mm)	位置	±5

8.5 混凝土节段梁预制

8.5.1 节段梁应采用匹配法预制,可采用长线法或短线法预制。

8.5.2 节段梁预制前,应在预制场地建立精密测量的平面控制网和高程控制网,并进行线形控制,且应设置测量塔、标靶和固定水准点。

8.5.3 模板系统的强度、刚度和稳定性除应满足施工要求外,还应符合下列规定:

1 端模及侧模应采用钢模板。

2 内模宜安装在可移动的台车支架上,设置为可调整的模板系统,宜采用液压折叠式整体模板。

3 模板应根据节段外形的要求,具备调节空间姿态的功能。

4 模板应与节段连接紧密、无漏浆。

8.5.4 节段梁的钢筋骨架制作应符合下列规定:

1 钢架骨架应在专用胎架上制作加工成型,胎架应有足够的强度和刚度,且其支撑定位体系应保证主要受力钢筋不变形。

2 钢筋骨架应安装构件吊装所需的吊点预埋件、现场调节设备用的预埋件、支座预埋件、防雷接地预埋件、沉降观测预埋件等各类预埋件。

3 钢筋骨架吊点布置应合理,应采用专用吊具多点平衡起吊,防止变形。

8.5.5 节段梁浇筑前,应对安装完的模板系统、钢筋及预埋件进行质量验收,其精度应符合表8.5.5的规定。

表8.5.5 节段梁模板系统、钢筋及预埋件安装允许偏差

项 目		允许偏差(mm)
相邻两板表面高低差		±2
表面平整度		±2
垂直度		$H/1\,000$,且≤3
模内尺寸	长度	−3.0
	宽度	0.2
	高度	0.3
轴线偏移量		±2
匹配节段定位	纵轴线	±2
	高程	±2
剪力键	位置	±2
	平面高差	±2

续表8.5.5

项 目		允许偏差(mm)
受力钢筋间距	两排以上钢筋间距	±5
	同排钢筋间距	±5
箍筋、横向水平钢筋间距		±10
钢筋定位		5
弯起钢筋位置		±10
保护层厚度		0,+5
支座板、锚垫板等预埋钢板	位置	±3
	平面高差	±2
螺栓、钢筋等	位置	±5
	外露尺寸	±5
吊孔	位置	±2
预应力钢筋管道	节段端部位置	±5

注：H 为主梁节段的高度(mm)。

8.5.6 养护方案应根据环境温度、水泥品种、外加剂、施工进度及对混凝土性能的要求等制定。节段梁的外立面混凝土宜采用喷湿或其他适宜的方式养护，总体养护时间不宜少于 14 d。

8.5.7 节段梁的脱模时间宜在混凝土抗压强度达到设计强度标准值的 50% 后拆除侧模板、达到设计强度标准值的 75% 后拆除其余内外模板；起吊时混凝土抗压强度不应低于设计强度等级值的 80%。

8.5.8 预制节段出场前应进行质量验收，节段预制精度应符合表 8.5.8 的规定。

表 8.5.8 节段梁预制允许偏差

项目	规定值或允许偏差
混凝土抗压强度(MPa)	在合格标准内
顶部表面平整度(mm/2 m)	±5

续表8.5.8

项目		规定值或允许偏差
长度(mm)		0,-2
断面尺寸(mm)	顶板宽度	±5
	底板宽度	±3
	高度	±5
	板壁厚度	0,5
轴线偏移量(mm)	纵轴线	±2
	横隔梁轴线	±2
剪力键(mm)	位置	±2
	平面高差	±2
预埋件(mm)	支座板、锚垫板等预埋件 位置	±10
	支座板、锚垫板等预埋件 高程	±5
	支座板、锚垫板等预埋件 平面高差	±5
	螺栓、钢筋等 位置	±5
	螺栓、钢筋等 外露尺寸	±5
预留孔(mm)	吊孔 位置	±5
	预应力钢筋管道 节段端部位置	±5
	预应力钢筋管道 孔径	0,3

8.6 混凝土小箱梁预制

8.6.1 预制混凝土小箱梁的模板、钢筋和混凝土施工除应符合现行行业标准《城市桥梁工程施工与质量验收规范》CJJ 2 的规定外，尚应符合下列规定：

1 模板预设反拱及预留压缩量应根据设计要求和计算张拉应力、弹性模量及上拱度数据确定。

2 钢筋宜在专用胎架上制作。

3 简支小箱梁宜采用深埋式锚具。

4 混凝土应连续浇筑成型,浇筑宜采取斜向分段、水平分层方式。

8.6.2 当采用自密实混凝土预制小箱梁时,其材料性能、配合比设计、制备、运输及施工应符合现行行业标准《自密实混凝土应用技术规程》JGJ/T 283 的规定。

8.6.3 当小箱梁边梁连带防撞墙一并预制时,应采用临时支撑措施,防止偏心梁体倾覆。

8.6.4 预制混凝土小箱梁预应力孔道压浆宜采用大循环智能压浆系统控制质量。

8.6.5 预制混凝土小箱梁预制施工质量应符合表 8.6.5 的规定。

表 8.6.5 预制混凝土小箱梁预制施工允许偏差

项　目		规定值或允许偏差
混凝土强度(MPa)		在合格标准内
表面平整度(mm/m)		±5
长度(mm)		5,−10
高度(mm)		0,−5
纵轴线(mm)		±15
宽度(mm)	顶板	−20,0
	底板	±10
断面尺寸(mm)	顶板厚度	10, 0
	底板厚度	10, 0
	腹板厚度	10,−5
横隔板厚度(mm)		10,−5
横坡(%)		±0.15
梁体上拱(mm)		±L/3 000
预埋件位置(mm)		±5
顶面预留钢筋位置(mm)		±5

注:L 为跨径(mm)。

8.7 钢梁及钢-混凝土组合梁预制

8.7.1 钢梁及钢-混凝土组合梁的制作应符合现行行业标准《公路钢混组合桥梁设计与施工规范》JTG/T D64—01 和《公路桥涵施工技术规范》JTG/T 3650 的规定。

8.7.2 钢梁制造前,制造厂应对设计图进行工艺性审查,且应绘制加工图,确定制造工艺;当设计方案需要修改时,应取得原设计单位的同意,并应签订设计变更文件。

8.7.3 钢梁的加工应满足下列要求:

1 钢梁加工前应制定详细的制造工艺。

2 叠合梁焊钉定位精度应与湿接缝连接钢筋的精度匹配,避免二者冲突。

3 对于开口槽形梁,应预留腹板之间的临时剪力撑连接板件、临时吊点设施等。

4 钢梁的分段应满足设计要求,且应避开受力较大的区域。

5 钢梁加工质量标准应符合现行行业标准《公路桥涵施工技术规范》JTG/T 3650 的规定。

6 钢梁出厂前应试拼装,并应按设计和相关规范进行验收。

8.7.4 混凝土桥面板预制应符合下列规定:

1 当采用混凝土桥面板与钢梁先组合的施工方式时,主梁在组合过程中及存放期间应在梁底设置顺桥向间距不大于 4 倍梁高的多点支承;主梁在出厂前的存放时间不宜小于 30 d,且混凝土强度应达到设计强度的 80% 以上。

2 当采用混凝土桥面板与钢梁后组合的施工方式时,混凝土桥面板在出厂前的存放时间不宜小于 6 个月,且混凝土强度应达到设计强度的 100% 以上。

3 桥面板底模、侧模宜采用钢模,确保接缝平顺,板面平整,转角光滑,并定期校正。

4 为确保连接件与钢筋的精准匹配,应在底模上严格标出桥面板钢筋位置,宜在各边标示出至少 3 排焊钉等连接件的相对位置。

5 桥面板预制混凝土强度达到 2.5 MPa 时,板顶面及四周应进行凿毛处理,确保粗骨料外露,且凿毛深度不宜小于 5 mm。

6 预制桥面板的加工质量应符合表 8.7.4 的规定。

表 8.7.4 混凝桥面板预制施工允许偏差

项 目	规定值或允许偏差
混凝土强度(MPa)	在合格标准内
表面平整度(mm/2 m)	±2
长度和宽度(mm)	±3
厚度(mm)	±5
连接钢筋预埋位置(mm)	±5

8.7.5 钢梁与混凝土的结合面不宜采用影响混凝土与钢材界面性能的涂装材料。

8.8 桥梁护栏预制

8.8.1 分体预制桥梁护栏应采用匹配法预制,可采用长线法或短线法预制。

8.8.2 分体预制桥梁护栏连接件应与主梁的预埋连接件位置匹配。

8.8.3 整体预制桥梁护栏宜在主梁张拉预应力后浇注,并控制二者颜色保持一致。

8.8.4 桥梁护栏预制时应考虑边梁架设偏差以及梁体反拱等变形因素,调整护栏模板,确保护栏顶部成桥后平顺流畅。

8.8.5 预制防护栏制作的允许偏差应符合表 8.8.5 的规定。

表 8.8.5 预制防护栏制作允许偏差

项 目	规定值或允许偏差
混凝土强度(MPa)	在合格标准内
防护栏长度(mm)	±5
断面尺寸(mm)	±5
螺栓预埋件的位置(mm)	±2
吊点预埋件位置(mm)	±10

8.9 灌浆连接套筒厂内安装

8.9.1 灌浆连接套筒工厂内安装前应检查出厂合格证、型式检验报告、套筒外观质量、尺寸和配件等,并应具备现场抽检灌浆连接套筒与高强无收缩水泥灌浆料组合体系单向拉伸强度试验的合格报告。

8.9.2 半灌浆接型套筒中钢筋机械连接应符合现行行业标准《公路桥涵施工技术规范》JTG/T 3650 的规定。

8.9.3 灌浆连接套筒现场拼装端应安装在装有定位销的定位板上,定位板固定在底模上,连同底模一道固定在钢筋胎架的一端(立柱)或下部(盖梁),以此为基准安装骨架的主筋和其他钢筋。灌浆连接套筒应垂直于底模,安装位置允许偏差为±2 mm。

8.9.4 整体灌浆连接型套筒预制安装端应放入止浆塞,并确保密封牢固。

8.9.5 灌浆连接套筒压浆口和出浆口的方向应安装正确,压浆管、出浆管和对应的压浆口、出浆口连接应密封牢固,压浆管、出浆管长度应根据承台、立柱或盖梁尺寸预留准确,并用止浆塞塞紧。

8.9.6 灌浆连接套筒与箍筋连接应采用绑扎,不得采用焊接连接。灌浆连接套筒压浆口和出浆口应通过添加定位钢筋和钢筋骨架整体进行位置固定。
8.9.7 构件拆模完成后,应及时检查灌浆连接套筒内腔是否干净通畅,确保无水泥浆等杂物。如有漏浆或杂物,应及时清理套筒内腔。

8.10 灌浆金属波纹管厂内安装

8.10.1 金属波纹管安装前应符合本标准对波纹管的尺寸及锚固试验要求。

8.10.2 金属波纹管可采用内衬钢管等措施保证预制过程中不变形。

8.10.3 压浆管、出浆管和对应的金属波纹管压浆口、出浆口连接应密封牢固,压浆管、出浆管长度应根据承台或盖梁尺寸预留准确,并用止浆塞塞紧;如直接由上端出浆,端部应采取密封保护措施。

8.10.4 金属波纹管与箍筋连接应采用绑扎,不得采用焊接连接。

8.10.5 构件拆模完成后,灌浆金属波纹管内腔应干净通畅。如有漏浆或杂物,应及时清理管道。

9 厂内吊装及厂外运输

9.1 一般规定

9.1.1 应综合预制构件参数、桥涵道路运输条件、限制条件等因素,实地勘察并优选运输路线、备用路线及运输车辆。

9.1.2 应复核运输路线的通行能力,运输方案应符合道路交通管理部门的相关要求。

9.1.3 预制构件运输吊装前应按现行行业标准《建筑机械使用安全技术规程》JGJ 33 的要求编制吊装运输方案并报送相关单位,方案批复后方能实施作业。

9.2 构件堆放

9.2.1 构件堆放场地应坚实平整,堆放场地和堆放台座应能承受堆放构件的荷载,不发生不均匀沉降、断裂等。

9.2.2 堆放场地不应有积水,应有相应的排水设施。

9.2.3 构件应按照其刚度及受力情况制定相应的堆放方案。立柱竖直堆放时,应验算其在最不利荷载下的稳定性;如不满足要求,应考虑必要的支护措施。

9.2.4 梁类构件堆放时,其支点位置应符合设计的规定,支点处应采用垫木或其他适宜的材料进行支撑。其中,节段梁的叠放层数不宜超过 2 层。

9.2.5 构件的留出筋应采取有效的防止锈蚀保护措施。

9.2.6 构件应按不同规格分别堆放,堆放的形式和层数应安全可靠,堆放时应设置垫木,并应避免产生纵向变形和局部压曲变形。

9.3 吊 装

9.3.1 龙门吊、吊车等大型吊装设备应进行专项检测,并出具有效安全检验合格证。

9.3.2 各类钢筋骨架、构件的吊装方案(吊具、吊架、吊点等)应进行专项设计。

9.3.3 吊具、吊架应定期检查和维护。

9.3.4 吊装设备应符合使用要求,使用前应检查机具的维修、使用、检验记录。

9.3.5 起吊前应进行试吊装。

9.3.6 起吊时,混凝土抗压强度应满足脱模起吊时吊点和构件的受力安全;构件在翻身时,应采取措施防止构件出现裂缝。

9.4 厂外运输

9.4.1 运输路线应平坦,地基应有足够的承载能力,纵横向坡度应满足车辆行驶和制动的安全要求,最小曲率半径应不小于运输车的允许转弯半径,同时在运输车通过的界限内,不得有任何障碍物。

9.4.2 运输车装载构件时,支承保护方案包括构件运输方向、支承点设置、外露钢筋的保护等应专项设计并报送相关单位,方案批复后方能运输;运输前应按支承方案检查,确保构件运输方向准确及支承措施牢固可靠。

9.4.3 运输车起步和运行应缓慢、平稳前进,严禁突然加速或紧急制动;当运输车接近目的地时,应减速徐停。

9.4.4 运输车辆应设置警示标志、灯光,宜配备引导车辆。

9.4.5 运输构件时,均不得使其在装卸和运输过程中产生任何形式的损伤和变形。

10 现场拼装

10.1 一般规定

10.1.1 拼装前应由勘测设计单位对控制性桩点进行现场交桩，并应在复测原控制网的基础上，根据施工需要适当加密、优化，并建立满足拼装精度要求的施工测量控制网。

10.1.2 拼装前，施工、监理单位应对拼装方案中的材料及设备到场情况、吊装区域地基处理情况进行严格复查。

10.1.3 拼装前应按管理规定对各级人员进行施工工艺和安全风险源交底。

10.1.4 登高作业宜采用专用高空作业车，高空作业车应有产品合格证书和定期年检报告，作业人员应配备全身式安全带。正式操作前应对作业车操作人员进行岗前培训。

10.1.5 构件拼装后下一工序施工前，灌浆套筒或金属波纹管内灌浆料强度应符合设计规定。

10.1.6 梁体安装之前，支承结构的混凝土强度和预埋件（包括预埋锚栓孔、锚栓、支座钢板等）的尺寸、高程及平面位置应符合设计要求，且应对支座型号与方向检查复核。

10.1.7 在有管线及地下构筑物范围，必须与权属单位协商制定保护方案和加固措施，必要时采取监测控制。

10.1.8 当施工气温低于5℃时，应对高强无收缩水泥灌浆料进行保温，温度应不低于10℃且不高于40℃；同时应对拌合所需的水进行加热，温度应不低于30℃且不高于65℃；拌合灌浆料成品工作温度应不低于10℃。

10.2 基桩施工

10.2.1 预制桩的施工方法可采用静压法、锤击法、振动法或植桩法。

10.2.2 预制桩的沉桩顺序应在施工组织设计或施工方案中明确,且应符合下列规定:

  1 对于桩的中心距小于 4 倍桩径的群桩基础,应由中间向外或向后退打;对于软土地区桩的中心距小于 4 倍桩径的排桩,或群桩基础的同一承台的桩采用锤击法沉桩时,可采取跳打或对角线施打的施工顺序。

  2 多桩承台边缘的桩宜待承台内其他桩施工完成并重新测定桩位后再施工。

  3 对于一侧靠近现有建(构)筑物的场地,宜从毗邻建(构)筑物的一侧开始由近至远施工。

  4 同一场地桩长差异较大或桩径不同时,宜遵循先长后短、先大直径后小直径的施工顺序。

10.2.3 在深厚软土中采用大片密集预制桩时,应采取消减孔隙水压力和挤土效应的技术措施,并控制沉桩速率,减小挤土效应;沉桩结束,应在 2 周后再进行开挖。

10.2.4 在邻近建筑物、地下管道线、既有隧道以及需要重点保护的构筑物附近进行钢管桩施工时,宜选用免共振液压震动锤施工。

10.2.5 钢管桩沉桩施工应符合下列规定:

  1 沉入封闭式桩尖的钢管桩时,应采取防止其上浮的措施;在砂土中沉入开口或半封闭桩尖的钢管桩时,应防止管涌。

  2 环境温度在 $-10℃$ 以下时,锤击沉桩施工应暂停。

  3 钢管桩在水上接桩时,应符合下列规定:

    1) 接桩前应做好充分准备,应避免接桩时间过长。

2）沉桩平台或打桩船应保持平稳,上、下节钢管桩应保持在同一轴线上;焊接工作平台应牢固,并应避免受潮水及波浪的影响;对口定位点焊应对称进行。

3）沉桩锤击后,如有变形和破损时,接桩前应将变形和破损的部分割除,并采用砂轮机磨平。

10.2.6 免共振液压振动锤使用应符合下列规定:

1 对于黏土含量过多的土壤宜选用振幅大的振动锤,砂土含量多的土壤宜选用频率高的振动锤。

2 在避免共振的前提下,应采用较低的工作频率,且不得低于 23 Hz,利用振动锤对土体的密实功能增加成桩的承载力。

3 对于成桩的最后 8 m~10 m,应降低沉桩速度,但不应小于 25 cm/5 min。

4 桩头应完全进入夹板内部并紧贴夹持区域的顶部,使振动锤与桩头平行,激振力沿桩身垂直传入地面。

5 宜优先将调节偏心块角度调节至最大位置,通过调节频率控制沉桩速度。

10.2.7 焊接接桩除应符合现行国家标准《钢结构工程施工质量验收规范》GB 50205 和现行行业标准《建筑钢结构焊接技术规程》JGJ 81 中二级焊缝的规定外,尚应符合下列要求:

1 入土部分桩段的桩头宜高出地面 0.5 m~1.0 m。

2 上、下节桩接头端板坡口应洁净、干燥,且焊接处应刷至露出金属光泽。

3 焊接层数不得少于 2 层,内层焊碴必须清理干净后方能施焊外层,焊缝应饱满连续。

4 桩接头焊好后应进行外观检查,检查合格后必须经自然冷却,方可继续沉桩。严禁浇水冷却,或不冷却就继续沉桩。

5 钢桩尖或者混凝土桩尖宜在工厂内焊接;当在工地焊接时,宜在堆放现场焊接。严禁桩起吊后点焊、仰焊做法。

6 雨天焊接时,应采取防雨措施。

10.2.8 预制桩截桩应采用锯桩器,严禁采用大锤横向敲击截桩或强行扳拉截桩。

10.2.9 预应力混凝土管桩与承台连接处的填芯混凝土应浇筑密实。

10.2.10 沉桩施工质量应符合表10.2.10的规定。

表10.2.10 沉桩施工允许偏差

项 目			规定值或允许偏差
桩位(mm)	群桩	中间桩	$\pm d/2$,且≤250
		外缘桩	$\pm d/4$,且≤200
	单排桩	顺桥向	± 40
		横桥向	± 50
倾斜度		直桩	$\pm 1\%$
		斜桩	$\pm 0.15\tan\theta$

注:1. d 为桩的直径或短边长度(以 mm 计)。
2. θ 为斜桩轴线与垂线间的夹角。
3. 深水中采用打桩船沉桩时,其允许偏差应符合设计要求或现行行业标准《港口工程桩基规范》JGS 167—4 的规定。

10.2.11 预制桩施工除应满足以上要求外,尚应符合现行行业标准《建筑桩基技术规范》JGJ 94 和《公路桥涵施工技术规范》JTG/T 3650 的相关规定。

10.3 整体式立柱、整体式盖梁拼装

10.3.1 立柱安装前应对承台拼接面的坐标、标高和平整度进行复核,其精度应符合下列规定:

    1 平面坐标及标高允许误差为±2 mm。

    2 当采用环氧树脂胶接缝时,平整度允许误差为±1 mm/m。

    3 当采用砂浆填充接缝时,平整度允许误差为±2 mm/m。

10.3.2 构件拼装前应进行匹配试拼装,同时应对外露钢筋进行

除锈。

10.3.3 预制构件接缝采用砂浆垫层时,应采用高强无收缩水泥基砂浆,其性能指标除应符合本标准第4.4节的有关规定外,尚应符合下列要求:

1 构件拼装前,应将拼接面充分湿润,承台或墩柱顶面设置调节垫块,铺设砂浆垫层,砂浆垫层厚度应大于调节垫块高度。

2 拌制垫层砂浆时,在一个批次材料的前提下,每个台班施工的每3个拼接部位应制取不少于3组试件;在不同批次材料的前提下,每个拼接部位应制取不少于3组试件。

3 拼装过程中,砂浆垫层拼接面处应一次完成坐浆,且应确保浆液饱满,坐浆后不得调整构件姿态。

4 砂浆垫层应及时进行养护。

5 构件调节完成时,应保证拼接面浆液饱满。

10.3.4 当预制构件采用预应力连接时,应符合下列规定:

1 拼装构件时,应在预应力钢筋管道口处采取临时密封措施;

2 环氧树脂胶拼装施工应符合本标准第4.7节的有关规定。

10.3.5 构件拼装就位后灌浆料强度未达到35 MPa之前,应根据稳定性分析结果决定是否设置临时支承措施防止倾覆。

10.3.6 立柱、盖梁拼装完成后应进行质量验收,构件安装精度应符合表10.3.6的规定。

表10.3.6 墩柱、盖梁拼装允许偏差

项 目	规定值或允许偏差
灌浆材料、砂浆垫层、环氧树脂胶抗压强度(MPa)	在合格标准内
倾斜度	±0.1%,且≤6 mm
节段间错台(mm)	0,2
轴线偏位(mm)	±3
顶面高程(mm)	±3
相邻墩、柱间距(mm)	±5

10.4 节段式立柱、节段式盖梁拼装

10.4.1 当立柱、盖梁分节段预制拼装时,拼装前应对节段拼接缝进行表面处理,清除尘土、油脂等污染物及松散混凝土与浮浆,确保表面无油、无水且无可见灰粉。

10.4.2 立柱节段、盖梁节段拼装应根据设计要求和施工工艺确定工艺流程。

10.4.3 立柱节段拼装前应对拼接缝表面进行复测,表面平整度应小于±3 mm。

10.4.4 当立柱拼装采用竖向预应力时,张拉应满足下列要求:
 1 预应力筋的张拉顺序和张拉控制应力应符合设计规定。
 2 预应力筋采用应力控制方法张拉时,应以伸长值进行校核。实际伸长值与理论伸长值的差值应符合设计规定。设计未规定时,其偏差应控制在±6%以内。

10.4.5 当立柱节段、盖梁节段以及采用的环氧树脂胶接缝时,应符合下列规定:
 1 应根据不同的使用环境,通过试验选定环氧树脂胶,主要性能指标应满足本标准第4.7节的规定。
 2 环氧树脂胶应采用机械拌和,涂抹方式应根据环氧树脂胶的产品特性确定,环氧树脂胶应涂抹均匀并覆盖整个匹配面,涂抹厚度以3 mm为宜。
 3 涂抹环氧树脂胶时,应对预应力钢筋管道口采取防护措施,防止施加临时预应力时环氧树脂胶进入孔道内。
 4 在施加临时预应力后,应确保环氧树脂胶能够在全断面均匀挤出。
 5 涂刷前、后均应采取防雨、雪、尘措施;冬季施工时,应对环氧树脂胶采取保温措施。

10.4.6 临时预应力筋和永久预应力筋的布置、预应力筋类型、张

拉顺序、张拉力应严格按照设计要求执行。

10.4.7 当盖梁节段拼装采用临时预应力张拉时,应符合下列规定:

1 预应力钢筋张拉力应符合设计要求,并应满足反复多次张拉的作业要求。

2 节段拼接面的混凝土应均匀受力,不宜小于 0.3 MPa。

3 临时预应力应在永久预应力张拉完成且波纹管内灌浆料达到设计要求强度之后,才能拆除。

10.4.8 节段式立柱、节段式盖梁拼装完成后应进行质量验收,构件安装精度应符合本标准第 10.3.6 条的规定。

10.5 节段梁拼装

10.5.1 当采用逐跨节段拼装时,预制节段的提升及悬挂应符合下列规定:

1 节段的提升应缓慢匀速。

2 节段和提升附属装置的总重量应在起重设备的安全范围内。

3 悬挂状态下的节段之间应设置防止碰撞的垫块。

4 节段悬吊体系及装置的安全系数应不小于 2。

10.5.2 当采用逐跨节段拼装时,应符合下列规定:

1 节段拼接过程中,应逐块控制并复核节段梁的轴线和高程。

2 拼接施工时,架桥机的主梁应处在有约束的状态。

3 在接缝处孔道口应设置密封构造,且不应影响接缝的密贴。

4 采用下行式架桥机施工时,应采取有效措施防止支承面倾斜导致装载小车产生滑移。

5 采用上行式架桥机施工时,应对节段梁预应力钢筋张拉引起悬吊体系内力重分布后的安全系数进行验算。

10.5.3 节段梁的环氧树脂胶接缝施工应符合本标准第 10.4.5 条

的规定。

10.5.4 用于节段梁拼接的临时预应力应符合下列规定：

1 应根据节段的断面形式均匀布置临时预应力。

2 临时预应力钢筋的张拉力应符合设计要求，且节段拼接面的混凝土平均压应力不应小于 0.3 MPa，并应满足反复多次张拉的作业要求。

3 临时预应力应在桥跨永久预应力张拉完成且支承在下部结构上之后，才能拆除。

10.5.5 当采用悬臂拼装施工时，除应符合本标准第 10.5.1～10.5.4 条的要求外，尚应符合下列规定：

1 应采取有效的墩梁固结措施，确保悬臂结构整体稳定。

2 桥墩两侧的节段应对称提升。

3 施工中悬臂两侧最大不平衡力应满足设计要求。

10.5.6 当节段提升、拼装作业采用桥面吊机或桥面提升架时，提升设备与节段的重量比应满足设计要求，设计无规定时不宜大于 0.4，且提升设备在提升、拼接、行走时的抗倾覆安全系数、自锚固系统的安全系数均不应小于 2。

10.5.7 当每联连续箱梁或每跨简支箱梁拼装完成后，应及时进行检查验收，其安装精度应符合表 10.5.7 的规定。

表 10.5.7 节段梁拼装施工允许偏差

项　目			规定值或允许偏差
湿接头、合龙段混凝土强度(MPa)			在合格标准内
采用逐跨拼装法	轴线偏位(mm)	$L \leqslant 50$ m	±10
		$L > 50$ m	$\pm L/5\,000$
	顶面高程(mm)	$L \leqslant 50$ m	±20
		$L > 50$ m	$\pm L/2\,500$
	同跨对称点高差(mm)	$L \leqslant 50$ m	±20
		$L > 50$ m	$\pm L/2\,500$

续表10.5.7

项 目			规定值或允许偏差
采用悬臂拼装法	轴线偏位(mm)	$L\leqslant 100$ m	±10
		$L>100$ m	$\pm L/10\ 000$
	顶面高程(mm)	$L\leqslant 100$ m	±20
		$L>100$ m	$\pm L/5\ 000$
	同跨对称点高差(mm)	$L\leqslant 100$ m	±20
		$L>100$ m	$\pm L/5\ 000$
相邻节段高差(mm)			0,10

注:表中 L 为跨径(mm)。

10.6 混凝土小箱梁安装

10.6.1 混凝土小箱梁安装施工应符合下列规定:

1 用于安装的吊架和吊具应专门设计。起重设备、吊架和吊具等应经过试吊确认安全后方可正式施工,吊具应定期进行探伤检查。

2 架设安装时,梁体应保持平稳起落;落梁时,梁体的两端应同步缓慢起落,不得冲击临时支座。梁体就位时,应设置用于精确调整空间位置的装置。

3 桥墩顶应设置临时支座,其形式和位置应符合设计要求,梁底与支座应密贴;四个临时支座的顶面相对高差不应大于 4 mm。

4 架设安装后,梁体上的吊孔应采用收缩补偿混凝土封填。

10.6.2 先简支后结构连续的混凝土小箱梁施工应符合下列规定:

1 同一片梁两端临时固定支座的顶面相对高差应小于 2 mm。

2 简支变连续的施工程序应符合设计要求。

3 宜在一天中气温最低且温度场均匀稳定的时段浇筑湿接

头混凝土,其养护时间不应少于 14 d。

4 当预应力管道内浆体达到规定强度后,应及时拆除临时支座并按设计规定的顺序完成体系转换。

5 同一榀梁的临时支座应同时拆除。

10.6.3 混凝土小箱梁的安装施工除应符合本标准要求外,尚应符合现行行业标准《城市桥梁工程施工与质量验收规范》CJJ 2 的规定。

10.6.4 整孔混凝土小箱梁安装质量应符合表 10.6.4 的规定。

表 10.6.4 整孔混凝土小箱梁安装允许偏差

项 目	规定值或允许偏差
轴线偏位(mm)	±10
梁顶面高程(mm)	±5
相邻预制梁端的顶面高差(mm)	±10
湿接头混凝土强度(MPa)	在合格标准内

10.7 钢梁及钢-混凝土组合梁安装

10.7.1 钢梁现场施工准备、安装应符合现行行业标准《城市桥梁工程施工与质量验收规范》CJJ 2 的规定,且应符合下列规定:

1 安装前应考虑环境、现场焊接等变形因素对钢桥线形、拱度及中心线位置的影响。

2 杆件宜预先组拼、栓合或焊接,扩大拼装单元后安装。

3 对容易变形的构件应进行强度和稳定性验算,必要时应采取临时加固措施。

4 钢梁安装过程中,不得在现场对结构杆件进行未批准的临时性焊接和切割作业。

5 钢桥安装时,应进行过程控制,确保其内力、变形、线性及高程符合设计要求。

10.7.2 钢梁的高强度螺栓连接、焊缝连接施工及外观质量检查应符合现行行业标准《城市桥梁工程施工与质量验收规范》CJJ 2 的规定,且应符合下列规定:

1 箱形梁段间的焊缝应在梁段就位并经检查合格后方可施焊。

2 箱形梁施焊应按顶板、底板、纵隔板的顺序对称进行;梁段间的焊缝经检验合格后,应按先对接后角接的顺序焊接 U 形肋嵌补件。

3 当钢梁为焊接与高强度螺栓合用时,栓接结构应在焊缝检验合格后再终拧高强度螺栓连接副。

10.7.3 钢-混凝土组合梁的安装应符合现行行业标准《城市桥梁工程施工与质量验收规范》CJJ 2 的规定。

10.7.4 现浇钢-混凝土组合梁的混凝土浇筑应符合下列规定:

1 混凝土浇筑前,应确认钢主梁的安装位置、高程、纵横向连接及临时支架达到设计和施工要求。

2 钢桥顶面剪力钉、剪力键焊接应经检验合格后,方可浇筑混凝土。

3 混凝土桥面结构应全断面连续浇筑,顺桥向应由跨中开始向支点处浇筑或由一端开始浇筑;横桥向应由中间开始向两侧浇筑。

10.7.5 预制钢-混凝土组合梁安装应符合下列规定:

1 预制组合梁的规格、质量、预留孔位置和尺寸应经检验符合设计要求后方可安装。

2 预制组合梁分段安装顺序、接缝方法、与钢梁间隙处理方式应符合设计要求。

3 相邻组合梁之间的预应力孔道应精确定位。

10.7.6 采用施工支架时,应待混凝土强度达到设计要求且预应力张拉完成后,方可卸落施工支架。

10.7.7 钢梁安装后的允许偏差应符合表 10.7.7 的规定。

表 10.7.7 钢梁安装后的允许偏差

项 目		规定值或允许偏差
轴线偏位(mm)	钢梁中线	±10
	两孔相邻横梁中线相对偏差	0.5
梁底高程(mm)	桥墩处梁底	±10
	两孔相邻横梁相对高差	0.5
支座偏位(mm)	支座纵、横向扭转	±1
	活动支座按设计气温定位前偏差	±3
支座偏位(mm)	固定支座顺桥向偏位 连续梁或 60 m 以上简支梁	±20
	固定支座顺桥向偏位 60 m 及以下简支梁	±10
支座底板四角相对高差(mm)		0.2

注:大跨径钢梁安装后允许偏差应符合设计规定或专用质量标准的要求。

10.7.8 钢-混凝土组合梁安装时,其中钢梁安装的允许偏差应符合本标准第 10.7.7 条的规定,预制桥面板安装的允许偏差应为 ±5 mm,相邻板错位量应小于 3 mm。

10.8 桥梁护栏拼装

10.8.1 多梁体系的上部梁结构宜在分体护栏拼装前完成各片梁的横向连接。

10.8.2 分体预制桥梁护栏拼装顺序应从一个方向往另一个方向依次安装。

10.8.3 分体预制桥梁护栏拼装过程中,应对好防撞墙内边线,保障防撞墙线型流畅,相邻防撞墙的错台应控制在 ±2 mm。

10.8.4 利用螺栓与主梁连接的分体预制桥梁护栏拼装后,锚栓应拧紧,每个锚栓的预紧力不应小于 5 kN。

10.8.5 整体式桥梁护栏拼装时以相邻孔的防撞墙外侧对齐为基准。

10.8.6 桥梁防撞护栏施工质量应符合表 10.8.6 的规定。

表 10.8.6 桥梁防撞护栏施工允许偏差

项　目	规定值或允许偏差
混凝土强度(MPa)	在合格标准内
平面偏位(mm)	±4
断面尺寸(mm)	±5
竖直度(mm)	±4
预埋件位置(mm)	±5

10.9 灌浆连接工艺及检测

10.9.1 灌浆前应再次检查套筒或金属波纹管,确保内腔通畅无杂质。

10.9.2 高强无收缩水泥灌浆料应在拼装前一天进行 1 d 龄期抗压强度及流动度测试,符合本标准第 4.3.1 条的规定后方可用于现场拼装连接。

10.9.3 灌浆工艺应满足下列要求:

  1 应依据设计要求和试验测试结果,精确控制配合比。

  2 应采用专用设备进行搅拌和灌浆,并严格控制搅拌、灌浆工艺参数。

  3 宜采用先进工艺保证灌浆套筒内浆体的密实度。

  4 宜在出浆口接弯折管,使停止灌浆且灌浆料回落后,出浆口浆液高于灌浆套筒内腔灌浆料填充区。

  5 灌浆操作人员需持证上岗,宜在现场进行压浆考核。

  6 灌浆时,应逐个灌浆点保留影像资料备查。

10.9.4 高强无收缩水泥灌浆料在拌浆时应制取试件,对应每个拼接部位应制取不少于 3 组,分别测试 1 d、3 d 和 28 d 龄期抗压强度。

10.9.5 灌浆施工应保持连续,为预防压浆过程中遭遇停电等突发状况,现场应配备应急发电设备或高压水枪等清理措施。

10.9.6 灌浆完成后应及时清理残留在构件上的多余浆体。

10.9.7 灌浆套筒灌浆质量检测按批抽样检测时,符合下列条件的灌浆套筒可作为同批灌浆套筒:

    1 灌浆套筒规格型式相同。

    2 灌浆料材料、配合比、灌浆设备、养护条件相同。

    3 灌浆工艺等施工方法相同。

    4 构件种类相同。

    5 同一个台班灌注。

10.9.8 灌浆套筒灌浆质量检测方法可采用内窥镜法、预埋钢丝拉拔法、芯片法、压力传感器法、阵列超声成像法、局部破损法,以上检测方法能够检测的内容可按表 10.9.8 确定。如有经过试验验证并通过行业相关机构组织专家鉴定的其他检测方法,也可在工程中采用。

表 10.9.8 灌浆套筒检测内容和检测方法

检测内容	检测方法
套筒异物,坐浆料倒灌	内窥镜法
浆料质量	预埋钢丝拉拔法、局部破损法
灌浆饱满度	芯片法、压力传感器法、阵列超声成像法、预埋钢丝拉拔法、局部破损法

10.9.9 灌浆套筒灌浆质量检测的数量宜符合下列规定:

    1 重要工程宜检查套筒内是否有异物,数量不宜少于5%,且不宜少于3个,抽样宜具有代表性。

    2 重要工程同批灌浆套筒浆料质量抽样检测数量不宜少于5%,且不宜少于3个,抽样应具有代表性。

    3 重要工程同批灌浆套筒灌浆饱满度抽样检测数量不宜少于50%,且不宜少于15个,抽样应具有代表性。

4 如对某种方法检测结果存在疑问,可采用其他检测方法进行验证。

10.9.10 采用预埋钢丝拉拔法检测灌浆套筒浆料质量和灌浆饱满度时,可按本标准附录 B 执行。

10.9.11 采用芯片法检测灌浆套筒灌浆饱满度时,可按本标准附录 C 执行。

10.9.12 采用压力传感器法检测灌浆套筒灌浆饱满度时,可按本标准附录 D 执行。

10.9.13 采用阵列超声成像法检测灌浆套筒校验灌浆饱满度时,可按本标准附录 E 执行。

10.9.14 采用局部破损法进行校验后,应及时修补破损部位。

10.9.15 当构件环境类别为Ⅲ、Ⅳ、Ⅴ、Ⅵ、Ⅶ类时,可提高灌浆饱满度检测比例。

10.9.16 灌浆套筒灌浆质量批量检测评定方法按表 10.9.16 执行。

表 10.9.16 批量检测符合性判定

抽样数量	合格判定数	不合格判定数	抽样数量	合格判定数	不合格判定数
2～5	0	1	80	7	8
8～13	1	2	125	10	11
20	2	3	200	14	15
32	3	4	315	21	22
50	5	6	500	33	34

注:1. 当灌浆套筒一个检测批中不合格数量为合格判定数及以下时,该批可判为合格;当灌浆套筒一个检测批中不合格数量为不合格判定数及以上时,该批判为不合格。

2. 当灌浆套筒同一检验批抽检数量非上表中的数值时,"合格判定数"按差入值计算,其中"合格判定数"小数点后的数字略去不计,不合格判定数=合格判定数+1。

附录 A 高性能混凝土原材料性能指标要求

A.0.1 水泥应选用品质稳定、强度等级不低于 42.5 的硅酸盐水泥或普通硅酸盐水泥，并应符合现行国家标准《通用硅酸盐水泥》GB 175 的规定。

A.0.2 高性能混凝土所用的粉煤灰、磨细矿渣粉和硅灰等矿物掺合料应符合行业标准《公路桥涵施工技术规范》JTG/T 3650—2011 中第 6.7 节和第 6.15.8 条的规定。

A.0.3 高性能混凝土粗骨料应满足以下条件：粒径不大于 20 mm，针片状含量不大于 7%，含泥量不大于 1%，泥块含量不大于 0.25%。

A.0.4 高性能混凝土细骨料宜采用级配Ⅱ区的中砂，含泥量应不大于 3%，泥块含量应不大于 0.25%。

A.0.5 高性能混凝土减水剂应采用高性能聚羧酸减水剂，减水率应不小于 25%。

附录 B 预埋钢丝拉拔法检测灌浆质量和灌浆饱满度

B.0.1 采用预埋钢丝拉拔法检测时,检测设备应包括拉拔仪、钢丝及相关配件。检测设备应符合下列规定:

1 拉拔仪量程应不小于 10 kN,分度值不大于 0.1 kN,示值误差≤2%。

2 钢丝采用光圆高强不锈钢钢丝,抗拉强度不低于 600 MPa,直径为 5 mm±0.1 mm,端头锚固长度为 30 mm±0.5 mm。

3 橡胶塞预留钢丝穿过的孔径为 5 mm±0.1 mm,排气通道面积不小于 7 mm^2。

4 钢丝和橡胶塞应集成设计,钢丝锚固段与橡胶塞之间的部分应与灌浆料浆体进行隔离。

B.0.2 检测前应进行以下准备工作:

1 检查相关设备是否正常。

2 记录工程名称、构件编号、灌浆套筒编号、检测人员信息等。

B.0.3 准备工作结束后,将钢丝及配件从灌浆套筒的出浆口水平伸至灌浆套筒内靠近出浆口一侧的钢筋表面位置。应确保橡胶塞在出浆口且紧固,出浆时应保持灌浆压力的存在而不被冲出;应保证橡胶塞上的排气孔畅通,灌满时浆体能够从排气孔流出并及时用细木棒或其他材料进行封堵。

B.0.4 灌浆前,针对同批灌浆套筒所用灌浆料,制作 40 mm×40 mm×160 mm 灌浆料试样不少于 1 组,并采用标准养护方式进行养护。

B.0.5 预埋钢丝的灌浆节点采用自然养护方式进行,养护期间应做好现场防护工作,确保钢丝不被损坏。

B.0.6 灌浆料试样和灌浆构件养护 3 d 后,首先按现行行业标准《钢筋连接用套筒灌浆料》JG/T 408 进行灌浆料试样抗压强度测试,如果 3 d 抗压强度不满足现行行业标准《钢筋连接用套筒灌浆料》JG/T 408 的规定,则判定灌浆料质量不合格,不再进行预埋钢丝拉拔;反之,则采用预埋钢丝拉拔法进行灌浆套筒饱满度检测。

B.0.7 拉拔过程中,拉拔仪受力方向与预埋钢丝长度方向一致,并与检测面垂直,连续均匀地施加荷载进行拉拔检测,加载速度应控制在 0.15 kN/s～0.5 kN/s,直至钢丝被拔出,记录极限拉拔荷载,精确至 0.1 kN。

B.0.8 预埋钢丝拉拔法检测结果的评定标准:取同一批测点极限拉拔荷载中 3 个最大值的平均值,该平均值的 40% 记为 a,该平均值的 60% 记为 b;如果测点数据高于 b,且不低于 1.5 kN,判定测点对应灌浆套筒灌浆饱满度合格;如果测点数据在 a～b 之间,需进一步用其他检测方法进行校核;如果测点数据低于 a 或低于 1.0 kN,则直接判定测点对应灌浆套筒灌浆质量不合格。

附录 C 芯片法检测灌浆套筒灌浆饱满度

C.0.1 采用芯片法检测时,检测设备应包括封装芯片和读写设备。设备应符合下列规定:

1 封装芯片应具有独立可识别性(唯一编码),具备无源的独立接收和发射信号功能。

2 读写设备应具备足够强的发射能量,保证芯片能及时接收信号。

3 读写设备的发射与接收宜具有方向性。

C.0.2 灌浆饱满度检测前应进行以下准备工作:

1 检查相关设备是否正常。

2 记录工程名称、构件编号、灌浆套筒编号、检测人员信息等。

C.0.3 封装芯片应在准备工作结束后,现场灌浆前在灌浆套筒内部放置,芯片随浆体液面同步上升。

C.0.4 灌浆过程中,灌浆料流动速度应尽量保持一致,浆体应具有良好的流通性。

C.0.5 灌浆节点应采用自然养护方式进行,灌浆完成 3 d 后,在出浆口的区域采用读写设备扫查芯片的位置和唯一编码。

C.0.6 芯片法检测结果的评定标准:如在出浆口区域能够扫查到芯片,则判定该测点灌浆饱满度合格;如在出浆口区域扫查不到芯片,则判定该测点灌浆饱满度不合格。

附录 D 压力传感器法检测灌浆套筒灌浆饱满度

D.0.1 采用压力传感器法检测时,检测设备应为压力计。压力计应符合下列规定:
   1 测量范围不低于 100 kPa。
   2 测量准确度宜不低于 0.2%。

D.0.2 灌浆饱满度检测前应进行以下准备工作:
   1 检查检测系统的密封性是否正常。
   2 记录工程名称、构件编号、灌浆套筒编号、检测人员信息等。

D.0.3 构件现场安装前,套筒内应预埋压力装置。

D.0.4 现场安装导管和压力计,应先确定采集系统的密封性。进浆口缓慢灌浆,装置压力随浆液面上升而增大,压力计记录连续的信号变化,形成压力-时间变化曲线。

D.0.5 对同一构件且灌浆高度相同的压力值取平均值,若低于平均值的 85%,则判定测点灌浆饱满度不合格。

附录 E 阵列超声成像法检测灌浆套筒灌浆饱满度

E.0.1 采用阵列超声成像法检测时,检测设备应为阵列超声成像仪。阵列超声成像仪应符合下列规定:

1 应具备 A-scan、B-scan 及三维成像功能。

2 B-scan 成像深度应不小于 200 mm,三维成像的分辨率应不小于 40 mm。

3 仪器宜采用 40 kHz~100 kHz 的横波作为激发信号。

E.0.2 灌浆饱满度检测前应进行以下准备工作:

1 检查相关设备是否正常。

2 记录工程名称、构件编号、灌浆套筒编号、检测人员信息等。

E.0.3 灌浆节点应采用自然养护方式进行,灌浆结束 7 d 后,先清理检测区域表面,检测时使传感器承受适当压力耦合于混凝土表面,施加力方向与混凝土表面保持垂直,应保证各通道传感器与表面耦合完好;调整好仪器的检测区域,采用 B-scan 检测时,成像截面宜与灌浆套筒竖向截面垂直。

E.0.4 整个灌浆套筒区域的超声三维成像应保证每次检测的区域重叠率不小于10%。

E.0.5 检测时,应先采集该混凝土构件本体区域确定其声速参考值。灌浆套筒灌浆密实时,界面反射的声信号幅值较低且声时较长;灌浆套筒灌浆存在空洞时,灌浆套筒与空气界面存在较大的反射幅值且反射声时集中于界面深度位置。

E.0.6 阵列超声成像法检测应根据不同深度的相对振幅图,并结合相对振幅平面成像图,综合分析后进行评定。当检测部位的相对振幅大于或等于完全脱空条件下的相对振幅阈值时,可判定该测点灌浆饱满度不满足要求;当检测部位的相对振幅小于完全脱空条件下的相对振幅阈值但大于完全密实条件下的相对振幅阈值时,可判定该测点为灌浆饱满度缺陷疑似部位,需进一步采用其他检测方法进行校核。

本标准用词说明

1 为便于在执行本标准条文时区别对待,对要求严格程度不同的用词说明如下:

1) 表示很严格,非这样做不可的用词:

正面词采用"必须";

反面词采用"严禁"。

2) 表示严格,在正常情况下均应这样做的用词:

正面词采用"应";

反面词采用"不应"或"不得"。

3) 表示允许稍有选择,在条件许可时首先应这样做的用词:

正面词采用"宜";

反面词采用"不宜"。

4) 表示有选择,在一定条件下可以这样做的用词,采用"可"。

2 条文中指明应按其他有关标准执行时的写法为"应符合……的规定"或"应按……执行"。

引用标准名录

1 《优质碳素结构钢》GB/T 699
2 《球墨铸铁件》GB/T 1348
3 《低合金高强结构钢》GB/T 1591
4 《合金结构钢》GB/T 3077
5 《冷拔或冷轧精密无缝钢管》GB/T 3639
6 《预应力混凝土用钢丝》GB/T 5223
7 《预应力混凝土用钢绞线》GB/T 5224
8 《结构用无缝钢管》GB/T 8162
9 《先张法预应力混凝土管桩》GB 13476
10 《直缝电焊钢管》GB/T 13793
11 《预应力筋用锚具、夹具和连接器》GB/T 14370
12 《预应力混凝土用螺纹钢筋》GB/T 20065
13 《钢结构工程施工质量验收规范》GB 50205
14 《水泥基灌浆材料应用技术规范》GB/T 50448
15 《混凝土结构耐久性设计标准》GB/T 50476
16 《钢-混凝土组合桥梁设计规范》GB 50917
17 《城市桥梁工程施工与质量验收规范》CJJ 2
18 《城市桥梁设计规范》CJJ 11
19 《城市桥梁抗震设计规范》CJJ 166
20 《预应力混凝土用金属波纹管》JG/T 225
21 《建筑机械使用安全技术规程》JGJ 33
22 《建筑钢结构焊接技术规程》JGJ 81
23 《预应力筋用锚具、夹具和连接器应用技术规程》JGJ 85
24 《钢筋套筒灌浆连接应用技术规程》JGJ 355

25 《预应力混凝土管桩技术标准》JGJ/T 406
26 《预制高强混凝土薄壁钢管桩》JG/T 272
27 《自密实混凝土应用技术规程》JGJ/T 283
28 《钢筋连接用灌浆套筒》JG/T 398
29 《公路工程抗震规范》JTG B02
30 《公路桥涵设计通用规范》JTG D60
31 《公路桥涵地基与基础设计规范》JTG 3363
32 《公路钢结构桥梁设计规范》JTG D64
33 《公路钢筋混凝土及预应力混凝土桥涵设计规范》JTG 3362
34 《公路工程质量检验评定标准 第一册 土建工程》JTG F80/1
35 《公路工程混凝土结构耐久性设计规范》JTG/T 3310
36 《公路桥梁抗震设计规范》JTG/T 2231—01
37 《公路桥梁抗风设计规范》JTG/T 3360
38 《公路钢混组合桥梁设计与施工规范》JTG/T D64—01
39 《公路交通安全设施设计细则》JTG/T D81
40 《公路桥涵施工技术规范》JTG/T 3650
41 《预应力混凝土桥梁用塑料波纹管》JT/T 529
42 《地基基础设计标准》DGJ 08—11
43 《节段预制拼装预应力混凝土桥梁设计标准》DG/TJ 08—2255

上海市工程建设规范

预制拼装桥梁技术标准

DG/TJ 08—2160—2021
J 12992—2021

条文说明

2022　上海

目　次

1 总　则 …………………………………………………… 81
3 基本规定 ………………………………………………… 83
4 材　料 …………………………………………………… 84
　4.1 混凝土 ……………………………………………… 84
　4.2 钢　筋 ……………………………………………… 84
　4.3 高强无收缩水泥灌浆料 …………………………… 84
　4.4 垫层砂浆 …………………………………………… 85
　4.5 灌浆连接套筒 ……………………………………… 85
　4.6 金属波纹管 ………………………………………… 89
　4.7 环氧树脂胶 ………………………………………… 90
　4.8 预应力钢筋-锚具组装件 …………………………… 90
5 结构设计 ………………………………………………… 92
　5.1 一般规定 …………………………………………… 92
　5.2 基　桩 ……………………………………………… 92
　5.3 桥　墩 ……………………………………………… 92
　5.4 混凝土节段梁 ……………………………………… 95
　5.5 混凝土小箱梁 ……………………………………… 96
　5.6 钢梁及钢-混凝土组合梁 …………………………… 98
　5.7 桥梁护栏 …………………………………………… 98
　5.8 吊　点 ……………………………………………… 98
6 抗震设计 ………………………………………………… 101
　6.1 一般规定 …………………………………………… 101
　6.2 抗震验算 …………………………………………… 102

7 构造设计 ··· 107
7.1 基桩 ··· 107
7.2 桥墩 ··· 108
7.3 混凝土节段梁 ··· 111
7.4 混凝土小箱梁 ··· 112
7.5 钢梁及钢-混凝土组合梁 ··· 113
7.6 桥梁护栏 ··· 114

8 工厂预制 ··· 115
8.1 一般规定 ··· 115
8.4 立柱、盖梁预制 ··· 116
8.5 混凝土节段梁预制 ··· 117
8.7 钢梁及钢-混凝土组合梁预制 ··· 117
8.9 灌浆连接套筒厂内安装 ··· 117
8.10 灌浆金属波纹管厂内安装 ··· 118

9 厂内吊装及厂外运输 ··· 119
9.1 一般规定 ··· 119
9.2 构件堆放 ··· 119
9.3 吊装 ··· 119
9.4 厂外运输 ··· 120

10 现场拼装 ··· 121
10.1 一般规定 ··· 121
10.2 基桩施工 ··· 121
10.3 整体式立柱、整体式盖梁拼装 ··· 122
10.4 节段式立柱、节段式盖梁拼装 ··· 122
10.5 节段梁拼装 ··· 123
10.6 混凝土小箱梁安装 ··· 124
10.8 桥梁护栏拼装 ··· 124
10.9 灌浆连接工艺及检测 ··· 124

Contents

1 General provisions ·· 81
3 Basic requirements ·· 83
4 Materials ·· 84
   4.1 Concrete ·· 84
   4.2 Reinforcement ·· 84
   4.3 High-strength non-shrink grouting materials ······· 84
   4.4 Grout pad (bedding mortar) ······························ 85
   4.5 The grouting coupler ······································· 85
   4.6 The grouting ducts ·· 89
   4.7 Epoxy resin adhesive ······································· 90
   4.8 Prestressing tendon-anchorage ························· 90
5 Structural design ··· 92
   5.1 General provisions ·· 92
   5.2 Pile ··· 92
   5.3 Pier ··· 92
   5.4 Precast segmental concrete girder ····················· 95
   5.5 Concrete small box girder ································ 96
   5.6 Steel beam and steel-concrete composite beam ······ 98
   5.7 Bridge guardrail ·· 98
   5.8 Bearing point ·· 98
6 Seismic design ··· 101
   6.1 General provisions ·· 101
   6.2 Seismic checking ··· 102
7 Detailing design ··· 107

	7.1 Pile	107
	7.2 Pier	108
	7.3 Precast segmental concrete girder	111
	7.4 Concrete small box girder	112
	7.5 Steel beam and steel-concrete composite beam	113
	7.6 Bridge guardrail	114
8	Precast Plant	115
	8.1 General provisions	115
	8.4 Precast column and cap beam	116
	8.5 Precast concrete segmental girder	117
	8.7 Precast steel beam and steel-concrete composite beam	117
	8.9 Installation of the grouting couplers	117
	8.10 Installation of the grouting ducts	118
9	Hoisting and transportation outside the plant	119
	9.1 General provisions	119
	9.2 Storage (stacking) of component	119
	9.3 Hoisting	119
	9.4 Transportation outside the plant	120
10	On site construction	121
	10.1 General provisions	121
	10.2 Pile construction	121
	10.3 Assembly of integral column and integral bent cap	122
	10.4 Assembly of segmental column and segmental bent cap	122
	10.5 Assembly of concrete segmental beams	123
	10.6 Installation of concrete small box girder	124
	10.8 Assembly of bridge guardrail	124
	10.9 Grouting connection technology and detection	124

1 总 则

1.0.1 采用预制拼装技术建设桥梁的优势在于:①可响应国家节能减排和绿色建筑的战略要求;②科学合理地缩短施工周期;③最大限度地降低桥梁施工对交通和社会环境的干扰影响;④进一步保证安全质量;⑤有效控制工程造价;⑥实现人本化施工管理;⑦结合大力推行工厂化、机械化等现代化施工手段,可全面促进桥梁行业的进步。近几年,采用拼装技术建设桥梁工程已经得到全面推广运用,结合已经开展的相关工程建设以及试验理论研究,本标准在原规程基础上,总结了新的理论、设计方法、施工工法。

1.0.2 目前,大规模运用的预制拼装桥梁上部结构有预制混凝土节段梁、预制钢梁、预制钢-混凝土组合梁、预制小箱梁等。各种类型的上部结构设计均在各种复杂环境下有运用案例。

预制拼装桥墩采用的连接方式有灌浆套筒连接和灌浆金属波纹管连接两类,如图1所示。国内外关于采用灌浆套筒连接或灌浆金属波纹管连接的预制拼装桥墩抗震性能研究成果表明,灌浆套筒设置在墩身塑性铰区域,其抗震性能的总体表现与传统现浇混凝土相近,但因塑性铰区套筒的存在,对塑性铰区域的损伤、破坏机理有影响,与传统现浇混凝土桥墩的破坏行为不同。考虑到高地震危险性地区桥梁延性抗震对塑性铰区延性变形能力有更高的要求,而现有有限的试验数据尚不足以支持其在高地震危险地区的推广应用,故本条对预制桥墩的应用范围进行了适当的规定。

1.0.3 本标准不能代替所有技术标准,故预制拼装桥梁设计及施工除应符合本标准外,尚应符合现行行业标准《公路桥涵设计通

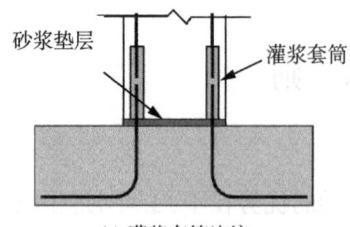
(a) 灌浆套筒连接

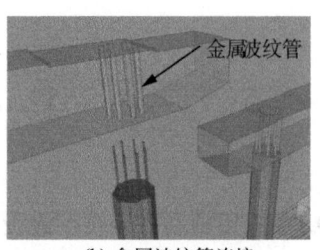
(b) 金属波纹管连接

图 1 预制拼装桥墩连接

用规范》JTG D60、《公路钢筋混凝土及预应力混凝土桥涵设计规范》JTG 3362、《城市桥梁抗震设计规范》CJJ 166、《公路桥梁抗震设计规范》JTG/T 2231—01、《公路桥涵施工技术规范》JTG/T 3650、《预应力混凝土桥梁预制节段逐跨拼装施工技术规程》CJJ/T 111 及现行上海市工程建设规范《节段预制拼装预应力混凝土桥梁设计标准》DG/TJ 08—2255 等国家和本市相关技术标准的规定。

3 基本规定

3.0.1～3.0.3 桥梁预制拼装方案和预制能力、运输能力、拼装场地条件、吊装能力等因素关系密切,故在工程可行性研究、初步设计及施工图阶段必须加强和相关单位的沟通协作,因地制宜地制定桥梁构件预制尺寸和形状,并尽量统一,使得预制拼装技术真正实现标准化、集约化生产。

此外,构件的预制方案受运输条件的限制较多,故宜结合本地实际情况,在充分调研运输路线上道路、桥涵限载及空间限制条件的基础上,确定预制构件的控制重量。目前工程中整体式的预制盖梁和大尺寸立柱重量易突破施工条件限制,可采用预制空心盖梁、预制空心立柱、多段分节的预制盖梁、立柱等结构形式,以降低构件重量。

3.0.6 为加强生产信息管理,方便追踪生产责任,要求在预制构件中贴上包含各项生产信息的标识。

4 材 料

4.1 混凝土

4.1.1 推荐在预制构件中使用高标号混凝土和高性能混凝土,提升预制构件质量,节约预制构件材料。

4.1.2 由于预制桥墩振捣难度较大,考虑到采取工厂化生产模式,混凝土质量比较容易受控,因此为保证质量和推动混凝土行业进步,推荐使用具有自密实能力的高性能混凝土。自密实能力的高性能混凝土的拌合对原材料要求比较高,在总结上海地区成功经验的基础上,本标准附录 A 中提出了具体的原材料性能指标要求。

4.2 钢 筋

4.2.3 预制拼装技术对精度提出了较高的要求,对钢筋加工精度也提出了要求。因此,钢筋在下料时,应确保钢筋平直、无弯折、端部磨平。

4.3 高强无收缩水泥灌浆料

4.3.1 高强无收缩水泥灌浆料是两种连接模式预制桥墩均需使用的填充料,其物理力学指标是保证结构安全、可靠、耐久和可施工性的重要因素,其组分构成是以水泥作为结合剂,辅以高强骨料及高性能外加剂,如石英粉、微硅粉、纳米硅、聚羧酸减水剂等。在参考国外和国内房屋建筑预制拼装相应灌浆料技术指标的基础上,本标准进行了大量的基础试验,得出了适用于预制桥墩的具体技术指标。

4.3.3 为确保高强无收缩水泥灌浆料质量可靠,应采购具有专业资质的厂家生产的产品,生产厂家营业执照中经营范围应能够提供建筑材料的生产、销售。同时,为方便运输和投料,每袋重量不宜大于 25 kg,包装袋上应标识详尽的使用说明。

4.3.4 由于高强无收缩水泥灌浆料受潮后物理力学指标会发生较大改变,故出厂后和开封后均应尽快使用,特别是开封后如有剩余应立即废弃。

4.4 垫层砂浆

4.4.1 不同类型预制构件之间拼接,拼接缝垫层宜采用高强砂浆无收缩水泥基材料,以避免砂浆垫层先于构件损伤。高强无收缩水泥砂浆强度测试,抗压强度试验按国家标准《水泥基灌浆材料应用技术规范》GB/T 50448—2008 附录 A 第 A.0.4 条进行,试块尺寸为 40 mm×40 mm×160 mm;而桥墩等构件混凝土强度测试,试块尺寸为 150 mm×150 mm×150 mm。因二者强度测试采用的试块尺寸不同,导致测试强度数值存在差异。为了方便强度比较,砂浆垫层材料测试试块尺寸宜与混凝土试块采用同一尺寸。

4.4.3 对于不同类型构件,如立柱与承台、立柱与盖梁,考虑到拼接缝的有效施工时间和强度等级,应选择有效施工时间较长的高强砂浆。

4.5 灌浆连接套筒

4.5.2 灌浆套筒的作用是将一根钢筋的力传递至另一根钢筋,因此在工厂预制安装部分可采用现场灌浆连接或者直接采用机械连接。全灌浆套筒一端为预制安装端,另一端为现场拼装端,套筒中间应设置钢筋限位挡板,套筒下端应设置压浆口,套筒上端应设置出浆口,如图2所示。半灌浆套筒钢筋机械连接端为预制安装端,另一端为现场拼装端,现场拼装端下端应设置压浆口,上端应设置出浆口,如图3所示。半灌浆套筒螺纹机械连接段在反复荷载作用下易发生脆性破坏,灌浆套筒产品应采取措施避免脆性破坏发生。

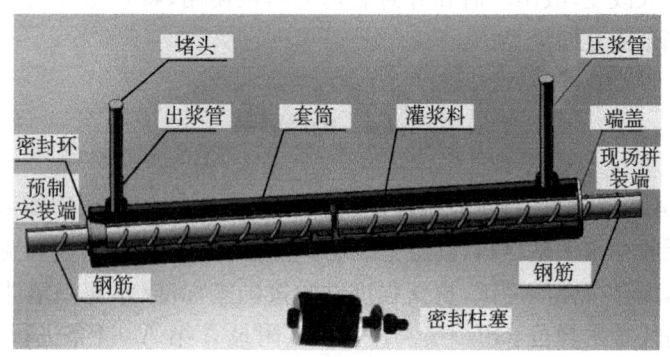

(a) 球墨铸铁全灌浆套筒

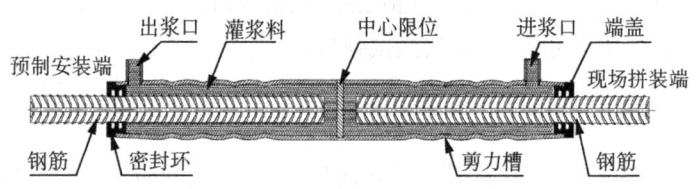

(b) 机械加工全灌浆套筒 (剪力槽型)

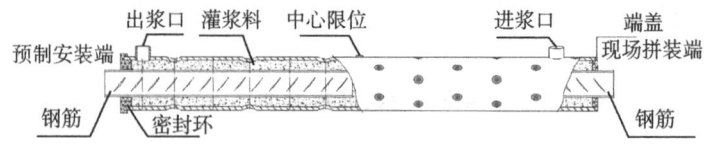

(c) 机械加工全灌浆套筒 (凹点型)

图2 全灌浆套筒

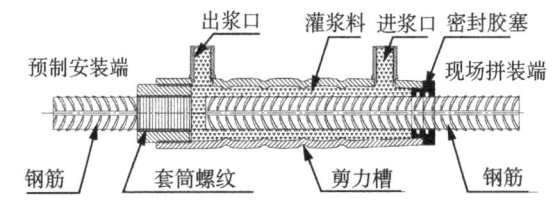
(a) 钢筋连接用机械加工半灌浆套筒（嵌入式，以剪力槽型为例）

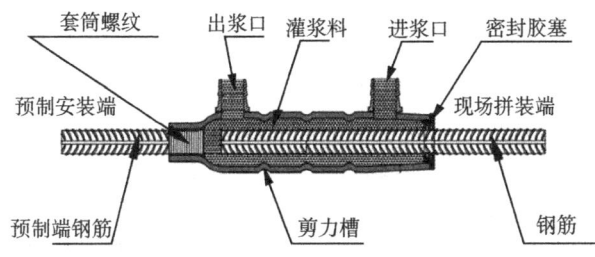
(b) 钢筋连接用机械加工半灌浆套筒（挤压式，以嵌入式为例）

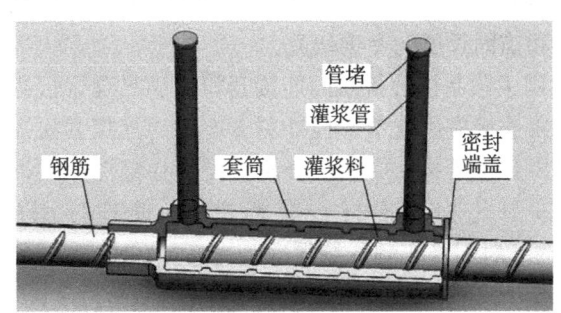
(c) 球墨铸铁半灌浆套筒

图 3　半灌浆套筒

4.5.3　根据目前已有数据的预制桥墩拟静力试验，被测试构件中使用的球墨铸铁灌浆套筒采用的是 QT600—5 材料，工程中的球墨铸铁灌浆套筒材料性能不能低于该材料的性能。

4.5.4　根据目前已有数据的预制桥墩拟静力试验，被测试构件中使用的机械加工灌浆套筒采用的是现行国家标准《优质碳素结构钢》GB/T 699 中规定的 45 号钢,工程中的机械加工灌浆套筒材料性能应不低于该钢材的性能。

4.5.5 退火处理不到位会使机械加工灌浆套筒中存在残余应力,削弱机械加工灌浆套筒的实际性能。

4.5.6 根据 HRB400 钢筋接头试验研究,对于全灌浆套筒,为保证钢筋、灌浆料及套筒体系可靠,套筒一端钢筋锚固长度不能小于 $10d_s$(d_s 为被连接纵向钢筋直径);为保证压浆质量,压浆顺序应由下至上,并保证在压浆口下缘布置一道箍筋,故压浆口下缘与端部净距应大于 30 mm,不应大于 50 mm;由于全灌浆套筒分现场拼装端和预制安装端,安装时应特别注意。对于 HRB500 及以上热轧钢筋,应进行连接方式和锚固长度的专项研究。

4.5.7 根据 HRB400 钢筋接头试验和理论研究,对于半灌浆套筒,为保证钢筋、灌浆料及套筒体系可靠,现场灌浆拼接端钢筋锚固长度不能小于 $10d_s$。对于 HRB500 及以上热轧钢筋,应进行连接方式和锚固长度的专项研究。

4.5.8 用于预制拼装桥墩的连接套筒须满足现行行业标准《钢筋套筒灌浆连接应用技术规程》JGJ 355 中对连接套筒性能的要求,同时考虑到桥梁构件中灌浆套筒常设置在塑性铰区,连接重要性非常高,因此相比现行行业标准《钢筋连接用灌浆套筒》JG/T 398,对试件实测抗拉强度有提高。

4.5.10 为满足预制和拼装施工,灌浆连接套筒应包含一整套配件,包括压浆管、出浆管、密封环、端盖、止浆塞、密封柱塞等,其中压浆管、出浆管宜为非金属材料。实际工程中,由于端盖性能不佳,出现过坐浆料倒灌的情况,应特别注意端盖的密封性能。

4.5.12 鉴于灌浆连接套筒的实际制作工艺有别于常规的机械连接接头,产品可靠度相对较高,故根据实际工程的应用总结,提出了灌浆连接套筒的检验要求。

4.6 金属波纹管

4.6.1 为保证钢筋、波纹管与混凝土三者锚固可靠和耐久性,波纹管材质应为防腐性能较好的金属材质,形状应为圆形,故推荐采用圆形不锈钢波纹管(图4)。

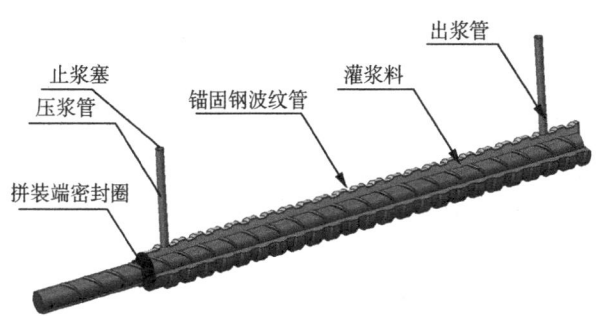

图4 灌浆连接金属波纹管

4.6.2 根据试验研究,为确保灌浆金属波纹管连接可靠,本条对波纹管的长度、直径、肋高等作出了一系列的规定。行业标准《公路钢筋混凝土及预应力混凝土桥涵设计规范》JTG 3362—2018 及《公路桥梁抗震设计规范》JTG/T 2231—01—2020 对受拉直筋锚固于强度大于 C40 的混凝土上,建议锚固长度大于 $30d_s$,考虑抗震影响,建议增加 $10d_s$。美国 AASHTO 规范建议的锚固长度计算见下式:

$$\text{Max}\left(\frac{0.02A_b f_y}{\sqrt{f'_c}} \times 0.8 \times 0.75,\ 0.06 d_b f_y\right) \approx 24 d_b \tag{1}$$

式中:A_b——钢筋面积;

f_y——钢筋设计屈服强度;

f'_c——混凝土圆柱体设计抗压强度;

d_b——钢筋直径。

考虑到预制立柱中金属波纹管灌浆料强度可达 100 MPa,因此,波纹管中钢筋的锚固长度可适当缩短,参考国内外已有的试验成果,可缩短至 $24d_s$。考虑到抗震构造要求,波纹管预埋在盖梁或承台中时,应在 $24d_s$ 的基础上增加 $10d_s$。如果盖梁或承台混凝土强度低于C40,应通过试验研究确定锚固长度。

4.6.4 目前工程中,采用轧制钢管制作的金属波纹管取得较好效果。试验表明,采用该金属波纹管可减小波纹管内径,本条中波纹管参数表从团体标准《钢筋锚固用灌浆波纹钢管》T/CECS 10098—2020 中引用。

4.6.5 为保证压浆质量,压浆顺序应由下至上,不可采用顶部倒浆的注浆方式,并保证在压浆口下缘布置一道箍筋。因此,压浆口下缘与端部净距应大于 30 mm,不应大于 50 mm。

4.7 环氧树脂胶

4.7.2 同类构件之间如主梁节段、立柱节段、盖梁节段,由于工厂预制精度较高,节段间界面粘结剂应采用环氧树脂胶。环氧类粘结剂胶体性能及粘结能力应具有良好的物理性能、力学性能、长期使用性能和耐介质浸蚀性能。由环氧基材料和固化剂组成的双组分环氧胶,其强度上升速度可通过材料组分的比例进行控制。合理控制环氧胶的固化时间是拼装施工的重要环节,既要确保有足够的涂抹、拼接可操作时间,也要保证拼装后的强度快速上升。本条中参数表从团体标准《预制节段拼装用环氧胶粘剂》T/CECS 10080—2020 中引用。

4.8 预应力钢筋-锚具组装件

4.8.2 工程中针对预制立柱的竖向预应力通常需要采用特殊的预应力组合体系(如自锁式预应力锚固体系,参见图2)。对于这些预应力钢筋-锚具组装件,应经过有资质的检测单位试验检测,合格后方可使用。

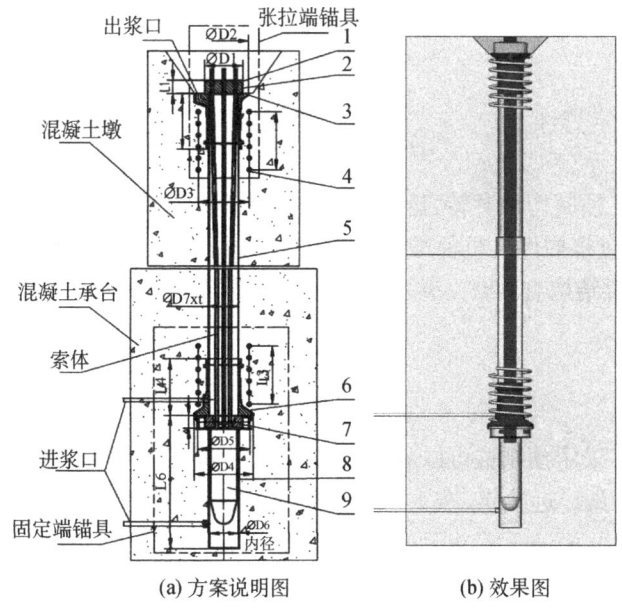

(a) 方案说明图　　(b) 效果图

1—夹片;2—工作锚板;3—张拉端锚垫板;4—螺旋筋;5—预埋管;
6—固定端锚垫板;7—自锁装置;8—保护罩;9—索体锚头

图 5　立柱自锁式预应力锚固体系示意图

5 结构设计

5.1 一般规定

5.1.3 预制构件翻转、运输、吊运、安装等短暂状况下的施工阶段验算,应将构件自重标准值乘以动力系数1.2(对结构不利时)或0.85(对结构有利时),并可视构件具体情况作适当增减。

5.2 基 桩

5.2.1 采用预制桩可以减少施工泥浆,但同时采用打入桩会产生噪声污染。近几年,在上海市北虹立交改建工程、济阳路新建中采用免共振液压震动锤施工钢管桩,既没有施工泥浆,也控制了施工噪声,是一种环保效应不错的预制桩方案。

5.3 桥 墩

5.3.1 根据灌浆套筒连接及灌浆金属波纹管连接不同的锚固力学机理及施工可行性,本条提出了灌浆套筒连接及灌浆金属波纹管连接的使用范围。该两种连接模式由于制作工艺及压浆工艺的可靠度高于常规的连接模式,因此可布置在同一断面。由于高立柱受限于运输吊装条件,可采用分段预制、节段间连接采用灌浆套筒连接的方案,分段数量建议尽量少,以减少现场工作量。

5.3.2 目前运用最广泛的是灌浆套筒连接和灌浆金属波纹管连接的预制立柱,考虑到目前新型预制拼装立柱连接方式是行业研究热点问题,不断有新型的连接方案被提出,这些方案尚未得到大规模运用。为促进行业进步,本标准认可新型连接方案在承载能力、长期性能等试验结论得到专家组和设计单位认可的情况下开展工程运用(图6)。

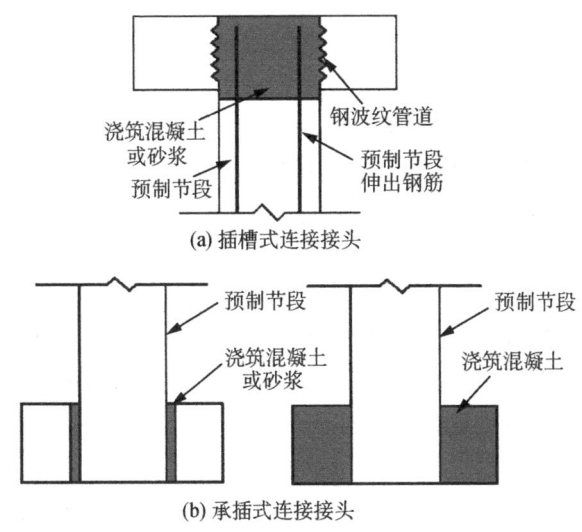

图 6 新型预制接头连接构造示意图

5.3.3 采用灌浆连接套筒或灌浆金属波纹管连接建造的预制混凝土桥墩,已有的试验研究表明,正常使用状态下,预制桥墩性能要求与传统现浇混凝土桥墩基本相同,故可按现浇混凝土桥墩进行设计。

5.3.4 依据在塑性铰区域设置半灌浆套筒的预制混凝土桥墩拟静力试验结果,螺纹处易发生脆断,故限制在塑性铰区域使用半灌浆套筒。

5.3.5 横向分段预制盖梁(系梁),为确保盖梁(系梁)耐久性,盖梁(系梁)不宜发生开裂,故在进行正常使用极限状态计算时,规定盖梁(系梁)的正截面宜保持受压状态;而进行承载力极限状态计算时,从经济角度考虑,允许拼接缝开裂,故计算盖梁(系梁)承载力时，需要考虑拼接缝开裂的影响。现行行业标准《公路钢筋混凝土及预应力混凝土桥涵设计规范》JTG 3362及现行上海市工程建设规范《节段预制拼装预应力混凝土桥梁设计规范》DG/TJ 08—2255针对拼接缝对受弯构件各项承载能力影响有明确规定。在节段间的环氧树脂胶固化过程中，匹配面的混凝土应处于受压状态，主要是提供全截面上相当均匀的压力缩小各个节段之间的拼缝，并使环氧树脂胶压缩均匀，促进各个节段之间临时联结。预制节段盖梁和系梁拼装工艺与节段梁类似，不宜低于0.3 MPa。

5.3.6 已有试验研究表明，灌浆连接套筒布置在立柱中时，将使得布置金属套筒范围的截面强度增大，同时也将使得该局部区域刚度增大。因此，在立柱静力计算时，应考虑金属套筒对该立柱强度和刚度的影响。可通过试验或精细化分析予以考虑，也可简化按照等代截面替换的方法考虑立柱中套筒刚度影响。如偏安全考虑，在验算立柱强度和变形时，也可忽略该金属套筒导致的强度和刚度增强。

5.3.7 在节段间的环氧树脂胶固化过程中，匹配面的混凝土应处于受压状态，主要是提供全截面上相当均匀的压力缩小各个节段之间的拼缝，并使环氧树脂胶压缩均匀，促进各个节段之间临时联结。预制立柱拼装工况受力状态简单，不易在施工过程中出现应力扰动，相比预制节段盖梁和系梁，可将压应力值降低为0.15 MPa。

立柱架设时，较强的风荷载作用对界面应力的影响应重点考虑。

5.3.8 大部分设计方案中，进入下一工序并不会使连接接头产生拉应力，为了充分发挥装配式结构的速度优势，灌浆料强度大于35 MPa即进入下一工序施工。对于特殊的会在下一工序使连接接头受拉的结构，为保障连接接头可靠，灌浆料强度大于60 MPa后再进入下一工序施工。

5.3.9 为确保预制桥墩满足当前我国规范对桥梁的耐久性要求，条文对预制立柱从材料、施工质量及受力状态等作出了相关的规定。采用灌浆连接套筒或灌浆金属波纹管连接的预制混凝土桥墩,其耐久性主要考虑预制立柱节段自身以及拼接缝垫层的耐久性,预制立柱节段自身的耐久性与传统现浇混凝土桥墩类似,故可以采用相同的规定。

对于拼接缝垫层耐久性,条文中根据不同的情况进行了规定,主要目的是在接缝层暴露在外时,确保拼接缝不开裂;接缝层埋入承台中时,接缝裂缝宽度不超标。

当设计的桥墩力学性能不满足条文要求时,可采取增加配筋、配置压重、布置竖向预应力、改变桥墩尺寸等方式使结构满足要求。

5.4 混凝土节段梁

5.4.1 当桥梁跨径较小时,梁高也按比例降低,由于顶底板厚度及体外钢束中心至梁边缘距离在构造设计上存在最小控制值,使得体外钢束中心至截面形心轴的距离(偏心距)不能按截面高度等比例调整。随着梁高降低,体外钢束偏心距相对梁高的比值会变小、效率降低。为保证混凝土顶底缘在正常使用极限状态的具有足够的压应力储备,则需提高钢束材料用量。在较小跨径桥梁中应用混凝土节段梁方案,会出现"梁高正常、钢束用量偏高"或"梁高偏高、钢束用量正常"的不合理情况。因此,混凝土节段大箱梁不宜应用于较小跨径桥梁中。

混凝土节段大箱梁需预留内腔通行空间便于人工检修,主梁内部净高宜不低于 1.8 m(按工人平均身高 1.7 m,安全帽高 0.1 m),否则后期养护不便。取主梁顶底板厚各 0.2 m、按常规主梁高跨比(不大于 1/15)推算跨径合理值宜不小于 33 m,实际应用时还应适当增大跨径。因此,按照市政桥梁设计习惯,建议采用 35 m 作为最小跨径。

5.4.2,5.4.3 之前国内没有已经颁布的混凝土节段梁设计标准,以往实际工程中,节段梁设计多采用欧洲标准。但考虑到已颁布的行业标准《公路钢筋混凝土及预应力混凝土桥涵设计规范》JTG 3362—2018涉及部分节段梁构造要求,现行上海市工程建设规范《节段预制拼装预应力混凝土桥梁设计标准》DG/TJ 08—2255系统地指导了节段梁设计方法,故在本标准中不再作重复规定。

混凝土节段大箱梁设计中,应对接缝材料、接缝表观处理作明确规定。如桥梁接缝采用环氧树脂胶填充,其材料性能应满足上海市工程建设规范《节段预制拼装预应力混凝土桥梁设计标准》DG/TJ 08—2255第4.4.1条的要求。混凝土节段梁的桥面铺装应满足上海市工程建设规范《节段预制拼装预应力混凝土桥梁设计标准》DG/TJ 08—2255第8.4.4条的要求。混凝土节段大箱梁接缝的外露表面应满足现行上海市工程建设规范《节段预制拼装预应力混凝土桥梁设计标准》DG/TJ 08—2255第8.4.5条的要求。

5.5 混凝土小箱梁

5.5.1 根据工程经验,提出条文中的适用跨径。当跨径小于25 m时,主梁采用混凝土小箱梁的工程经济性不佳,主梁宜采用带翼缘现浇接缝的预制空心板梁方案;当跨径超过35 m时,混凝土小箱梁的构件尺寸及重量均较大,不适宜在道路运输及现场快速安装,主梁宜采用其他梁型。

5.5.2 在国内现有技术条件下,采用结构简支变结构连续形式的混凝土小箱梁是一种可靠的方案。

在活载等级小、设计充分、施工质量能保证的情况下,可采用结构简支变桥面连续方案。

5.5.3 桥面连续构造十分重要,设计必须重点关注。桥面连续构造一旦破损,会影响桥梁正常使用,造成不良社会影响。

桥面连续构造使用的纤维增强混凝土,应明确纤维的掺量;对于超高性能混凝土,应明确相关等级。

桥面连续构造应验算持久状况承载能力极限状态下的抗弯承载力或抗弯拉承载力、持久状况正常使用极限状态下的裂缝宽度。

桥面连续构造的试验内容应包含静荷载下的承载力、活荷载频遇值对应的抗疲劳性能等。

采用倒T盖梁时，小箱梁均为简支梁结构，在盖梁两侧需要设置2道连续缝。连续缝很容易发生破坏，可针对桥面连续构造加强为钢-混凝土组合板构造，如图7所示。

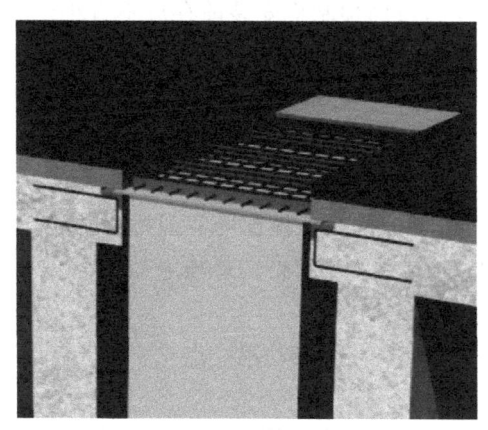

(a) 三维图

(b) 立面示意图

图7 钢-混凝土组合板连续缝构造示意图

5.6 钢梁及钢-混凝土组合梁

5.6.1～5.6.3 在符合现有规范的同时,预制拼装桥梁为了提高建设效率,降低建设成本,应该采用标准化、通用化的结构单元。

桥面板在工厂内完成组合时,可采用多支点存放的方式使混凝土和钢结构共同受力。通常,钢-混凝土组合梁多点支承存放期不宜小于 30 d,桥面预制板安装前存放不宜小于 6 个月,以减少混凝土的收缩徐变对组合梁产生的不利作用。

5.7 桥梁护栏

5.7.3 分离式桥梁护栏在工程现场实现桥梁护栏与主梁的拼装连接,可采用螺栓或现浇湿接带实现与主梁的连接。

5.8 吊 点

5.8.1 特别重的构件,通常采用预埋钢绞线吊环,减少吊环尺寸,如图 8 所示。

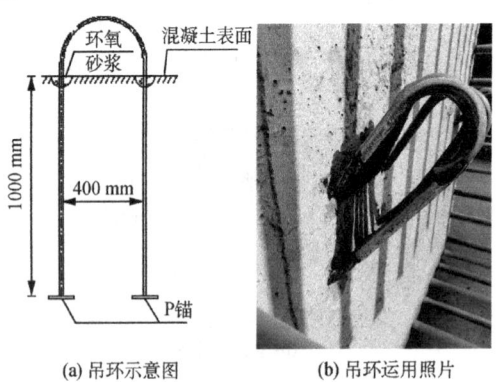

(a) 吊环示意图　　　(b) 吊环运用照片

图 8 钢绞线吊环

5.8.2 吊件在吊装过程中受力比较复杂,尤其对于存在翻转工况的预制墩柱,是在拉力和剪力耦合作用下的受力状态,故需要对吊件在受拉、受剪和拉剪耦合作用下的自身强度进行验算。此外,还需保证吊件的锚固,不能出现锚固破坏。锚固的破坏形态包括混凝土锥体受拉破坏、混凝土边缘受剪破坏、混凝土劈裂破坏以及混合破坏等。对于刚性的吊件,还可能发生混凝土剪撬破坏。因此,需要对每种锚固破坏形态进行验算,避免锚固失效。

吊点的验算属于承载能力极限状态验算,作用组合采用基本组合,考虑验算时采用了适当的安全系数,分项系数取为1。吊环自身的强度设计值(应力允许值)应采用屈服强度,并考虑吊装时的动力系数和安全系数进行折减,折减系数取为 $1 \div (1.5 \times 3) = 0.22$。

5.8.4 作用于吊环的荷载应根据实际情况确定,一般为构件自重、悬挂设备自重及活荷载。吊环截面应力验算时,荷载取标准值。

在吊装时,若钢绞线埋入混凝土的轴线与起吊方向之间的夹角大于30°,应视同翻身工况进行应力验算。

对于预埋钢绞线吊环件,文献(王庆国,《钢绞线吊环的研究与应用》)和文献(金乃,《装配式桥梁预制立柱吊装吊点的比选》,中国市政工程,2018年6月,第3期),对钢绞线的承载能力进行了实测研究。文献(王庆国,《钢绞线吊环的研究与应用》)试验了预制构件的起吊工况和预制立柱的翻转工况。研究中采用的钢绞线为直径15.2 mm的高强度低松弛钢绞线,钢绞线埋深为1.2 m、1.0 m和0.8 m。三种埋深下,混凝土只在表面发生破碎现象,范围小、深度浅,且钢绞线均断裂于混凝土以上吊点范围内,未断于混凝土内。埋深0.8 m时,40 t拉力断裂;埋深1.0 m时,46 t拉力断裂;埋深1.2 m时,36 t拉力断裂。参考欧洲规范对于试验值的规定,对于少次试验,可根据变异系数对试验的平均值进行折减作为特征值。根据文献,平均值为40 t进行计算,由于试验组数少,乘以 0.7 的折减系数。即 $40\times0.7=28$ t,考虑安全系数为 3,每根钢绞线为两个截面受力,即应力控制值为 $28\times10/2/3/140=333$ MPa,与本标准给出的算法接近,即屈服强度×折减系数$=0.85\times1860\times0.22=347$ Mpa,取为 350 MPa。

根据文献(王庆国,《钢绞线吊环的研究与应用》),对于预制墩柱的翻转工况,试验结果表明:翻转工况时混凝土的破碎仅发生在钢绞线与混凝土的接触部位。相比于起吊工况下的钢绞线最大承载力来说,经过翻转后钢绞线的最大承载力会受到削弱。对于翻转不大于 3 次时,可取折减系数为 0.8。

5.8.5 值得注意的是,现行行业标准《混凝土结构后锚固技术规程》JGJ 145 给出的是锚栓和植筋的验算并不适合柔性吊件的锚固验算,故本标准给出预埋钢绞线吊环的一些构造要求,以降低发生锚固破坏的风险。

5.8.7 试验测试得到的钢绞线吊环承载能力数值,应在排除各种材料强度超强系数影响后,方可作为钢绞线吊环承载能力标准值。

6 抗震设计

6.1 一般规定

6.1.1 大量桥梁震害表明,地震作用下桥梁桥墩是地震易损部位,故预制拼装桥墩也应是桥梁抗震设计的重点部位。预制桥墩抗震设计、分析计算、验算和延性构造需要根据其为城市桥梁或公路桥梁类别,分别满足行业标准《城市桥梁抗震设计规范》CJJ 166—2011 或《公路桥梁抗震设计规范》JTG/T 2231—01—2020 的要求。

6.1.2 E1 地震作用下结构在弹性范围工作,关注的是结构的强度,在此情况下可近似偏于安全地取桥墩的毛截面进行抗震分析。取毛截面计算出的结构周期相对较短,计算出的地震力偏大,考虑到连接套筒布置在墩身,密集布置的套筒对套筒设置区域刚度有增大影响,偏保守。因此,E1 地震作用下宜考虑套筒布置的影响,即套筒可按换算截面法计算其对墩身刚度的贡献;而 E2 地震作用下,容许结构进入弹塑性工作状态,关注的是结构的变形,对于延性构件取毛截面计算出的变形偏小,偏于不安全,故取开裂后等效截面刚度是合理的。E2 地震作用下偏保守考虑,忽略套筒对墩身刚度的影响。

6.1.3 依据行业标准《城市桥梁抗震设计规范》CJJ 166—2011 或《公路桥梁抗震设计规范》JTG/T 2231—01—2020 的规定,预制桥墩也应满足上述标准规定的抗震性能要求,即:E1 地震作用下预制桥墩一般不受损伤或不需修复即可继续使用,意味着 E1 地震作用下要求预制桥墩保持弹性,基本无损伤,应校核其强度;在

E2地震作用下，预制立柱通常为延性构件，可以进入塑性工作，应主要验算其极限变形能力是否满足要求。

6.1.4 依据行业标准《城市桥梁抗震设计规范》CJJ 166—2011或《公路桥梁抗震设计规范》JTG/T 2231—01—2020的规定，预制双柱墩和多柱墩桥梁，横桥向地震作用下，立柱作为延性构件产生弹塑性变形耗散地震能量，而预制盖梁、基础等应作为能力保护构件，保持弹性或基本不发生损伤。因此，应采用能力保护设计原则进行盖梁和基础的设计。

6.2 抗震验算

6.2.1~6.2.3 E2地震作用下，由于预制立柱为延性构件，设计容许其进入塑性工作，因此主要验算其极限变形能力是否满足要求。对于采用非线性时程分析方法进行地震反应分析的预制立柱，可以直接得到塑性铰区域的塑性转动需求，因此可直接验算塑性铰区域的转动能力；对于规则桥梁，其定义可参考行业标准《城市桥梁抗震设计规范》CJJ 166—2011或《公路桥梁抗震设计规范》JTG/T 2231—01—2020中的规定。

6.2.4 本标准引用了行业标准《城市桥梁抗震设计规范》CJJ 166—2011和《公路桥梁抗震设计规范》JTG/T 2231—01—2020中桥梁抗震设计规范的相关公式，同时结合国内外学者开展的预制拼装立柱抗震性能试验研究数据，对延性安全系数K进行了修正。

表1是对国内外学者开展预制拼装立柱抗震性能试验研究数据的汇总，主要是灌浆套筒连接和灌浆波纹管连接的数据，及少量承插式或插槽式连接的数据。

表1 试验数据统计汇总

试件编号	类型	墩高(mm)	剪跨比	轴压比	实测极限位移(mm)	试件来源
现浇1-1	现浇	340	6.42	7.89%	16.04	同济大学、上海市城市建设设计研究总院和上海公路投资建设发展有限公司《预制拼装立柱抗震性能研究报告》,2013—2015
现浇1-2	现浇	340	6.42	7.89%	19.06	
套筒1-1	承台套筒	340	6.42	7.89%	13.38	
套筒1-2	柱内套筒	340	6.42	7.89%	15.08	
套筒1-3	柱内套筒	340	6.42	7.89%	17.18	
套筒1-4	柱内套筒	340	6.42	15.77%	11.73	
波纹管1	承台波纹管	340	6.42	7.89%	16.30	
现浇2	现浇	295	5.57	6.02%	17.53	
套筒2-1	承台套筒	295	5.57	6.02%	20.37	
套筒2-2	柱内套筒	295	5.57	6.02%	13.43	
套筒2-3	承台套筒	330	4.13	6.00%	20.90	
现浇3-1	现浇	200	4.00	4.66%	12.89	黄宜,《装配式钢筋混凝土桥墩抗震性能研究》,大连理工大学硕士论文,2016
现浇3-2	现浇	200	4.00	4.66%	11.96	
现浇3-3	现浇	200	4.00	4.66%	12.00	
套筒3-1	承台套筒	200	4.00	4.66%	10.59	
套筒3-2	承台套筒	200	4.00	4.66%	10.59	
套筒3-3	承台套筒	200	4.00	4.66%	11.70	
波纹管4-1	承台波纹管	200	4.00	4.66%	10.45	
波纹管4-2	承台波纹管	200	4.00	4.66%	10.39	
波纹管4-3	承台波纹管	200	4.00	4.66%	11.53	
现浇4	现浇	265	5.30	6.00%	7.15	刘志杭等,《西曲阜大桥预制与现浇墩柱抗震性能对比试验研究》,山东交通学院学报,2018
套筒4	柱内套筒	265	5.30	6.00%	8.19	

续表1

试件编号	类型	墩高（mm）	剪跨比	轴压比	实测极限位移（mm）	试件来源
现浇5	现浇	244	5.13	6.00%	19.95	M. J. Ameli. et al., Seismic Analysis of Precast Concrete Bridge Columns Connected with Grouted Splice Sleeve Connectors, Journal of Structural Engineering, 143(2), No.1-13, 2017
套筒5-1	柱内套筒	244	5.13	6.00%	19.43	
套筒5-2	承台套筒	244	5.13	6.00%	15.70	
套筒5-3	柱内套筒	244	5.13	6.00%	19.40	
其他1-2	承台套筒	45	0.85	7.89%	2.98	
其他2-1	现浇	90	1.70	7.89%	4.76	
其他2-2	承插式	90	1.70	7.48%	6.63	
其他3-1	现浇	125	2.27	7.92%	6.85	
其他3-2	插槽式	125	2.27	8.17%	7.75	
现浇6	现浇	274	4.50	11.18%	27.63	Z. B. Haber. et al., Seismic Performance of Precast Columns with Mechanically Spliced Column-Footing Connections, ACI Structural Journal, V. 111, No. 1-6, 2014
套筒6	柱内套筒	274	4.50	11.24%	18.68	
现浇7	现浇	290	5.80	7.03%	11.71	同济大学、上海市城市建设设计研究总院、上海公路投资建设发展有限公司和上海应用技术大学《预制拼装立柱抗震性能研究报告》，2013—2018
波纹管2	承台波纹管	290	5.80	7.03%	11.14	
现浇8	现浇	240	4.80	7.11%	9.94	
波纹管3	承台波纹管	240	4.80	7.11%	9.63	
现浇9	现浇	340	6.42	7.89%	11.06	
套筒7-1	柱内套筒	278	3.97	7.54%	16.35	
套筒7-2	柱内套筒	278	3.97	7.54%	13.05	
套筒7-3	柱内套筒	278	3.97	7.54%	14.23	
其他1-1	承台套筒	45	0.85	7.89%	4.45	
其他1-2	承台套筒	45	0.85	7.89%	2.98	

续表1

试件编号	类型	墩高(mm)	剪跨比	轴压比	实测极限位移(mm)	试件来源
其他2-1	现浇	90	1.70	7.89%	4.76	同济大学、上海市城市建设设计研究总院、上海公路投资建设发展有限公司和上海应用技术大学《预制拼装立柱抗震性能研究报告》，2013—2018
其他2-2	承插式	90	1.70	7.48%	6.63	
其他3-1	现浇	125	2.27	7.92%	6.85	
其他3-2	插槽式	125	2.27	8.17%	7.75	

依据表1统计的数据,将试验结果绘制成图9(图中是相同条件下预制桥墩与现浇混凝土桥墩的位移延性按公式 $K=\dfrac{\Delta_\mathrm{p}}{\Delta_\mathrm{u,实测}-\Delta_\mathrm{y}}$ 计算的安全系数比值, Δ_p 为塑性转动位移,定义安全系数比＝$K_{预测}/K_{现浇}$),可以发现,延性安全系数比值的统计均值介于1.1～1.25之间,将其数值乘以当前规范给出的安全系数 $K=2.0$,即得到条文中规定的安全系数数值。同时表明,套筒设置于承台内相比设置在墩身塑性铰区内的抗震性能要更好一些。采

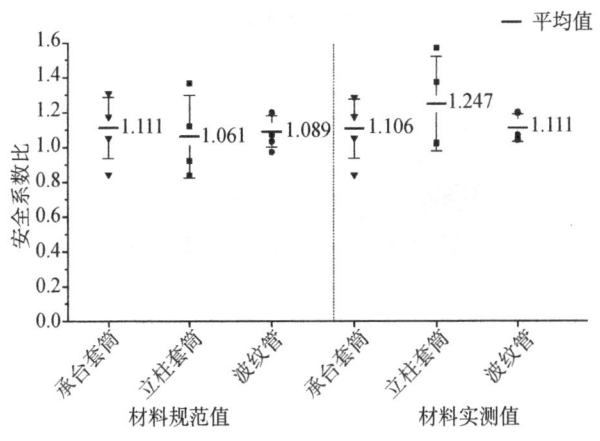

图9 试件安全系数比汇总

用灌浆套筒或灌浆金属波纹管连接的预制拼装混凝土桥墩，其抗震性能与现浇混凝土桥墩的抗震性能相比，基本相近或略弱。

6.2.5～6.2.8 国内外已有试验研究表明，采用灌浆套筒连接或金属波纹管连接预制立柱作为延性构件，其弯曲变形符合集中塑性铰模型，故其顺桥向、横桥向延性变形能力可按照传统现浇混凝土桥墩延性计算的相关公式计算。

6.2.9 震害调查表明，矮墩的地震损伤主要破坏模式为剪切破坏，为脆性破坏，没有延性。因此，E2地震作用下对于高度较矮的预制立柱（高宽比小于2.5），一般不作为延性构件设计，需要验算其抗弯和抗剪强度，不需要验算其变形能力。

6.2.10 预制拼装立柱抗剪校核应包含预制立柱节段自身和拼接缝的校核，其中预制立柱节段自身的抗剪强度计算与普通现浇混凝土立柱相同（套筒布置区域的抗剪强度由于受到套筒的影响，其抗剪能力通常高于非套筒设置区）。现有的小剪跨比试验显示，接缝位置直剪破坏不易发生（图10），故采用相同的计算公式。

图10 小剪跨比试件剪切破坏

7 构造设计

7.1 基 桩

7.1.4,7.1.5 条文对管桩于承台之间连接结构作出了一系列规定。桩顶嵌入承台内的长度为50 mm～100 mm 的规定源于行业标准《建筑桩基技术规范》JGJ 94—2019,当桩进入承台的深度为50 mm～100 mm 时(大桩取较大值),可实现桩与承台的半刚性连接。当时的试验结果表明,此时桩顶弯矩相对刚性连接,弯矩可降低40%,水平位移增加约25%,十分有利于桩基抵抗地震等较大作用的水平荷载。日本自1995年阪神地震后,明确规定桩与承台应实现半刚性连接。

上部结构荷载通过承台传递给管桩,不同性质荷载的传递对于桩顶与承台连接要求不同。竖向压力的传递,要求桩顶与承台底紧密接触;竖向拔力的传递,要求桩顶与承台连接的抗拉强度应大于管桩的抗拔承载力;水平力的传递,要求桩顶与承台连接的抗剪强度大于桩的水平承载力。

无论承压桩及抗拔桩,管桩桩顶均应设置填芯混凝土,主要是用于插筋的锚固,有利于桩和承台连接的简化,同时从整体上改善桩顶部位桩身的抗剪和抗弯能力。桩顶填芯混凝土长度与连接钢筋的长度相同。一般做法:用2 mm～3 mm 厚的钢板做成一个圆形的托盘,托盘的作用是挡住填芯混凝土不下落到桩底,托盘的直径应比管桩内径小20 mm 左右(以能放入管桩内孔为准);将连接钢筋的钢筋笼垂直焊在托盘上,施工作业时,先将管桩顶部内孔清洗干净,将钢筋笼连通托盘小心地放入管桩内孔,放入深度应根据承压桩和抗拔桩的设计深度而定,然后临时固定钢筋笼；灌入填芯混凝土至管桩顶面，用混凝土振动棒振动密实。

填芯混凝土的施工质量与整个管桩基础的质量紧密相连，故一定要精心施工，保证质量。实践表明，填芯采用补偿收缩混凝土或微膨胀混凝土可取得较好效果。填芯补偿收缩混凝土的限制膨胀率宜为0.025%，填芯微膨胀混凝土的限制膨胀率宜为0.03%，限制干缩率均不大于0.015%。膨胀率过大，影响填芯混凝土的强度，会对管桩内壁产生环向压力，使桩头处于复杂受力状态，导致桩头劈裂。膨胀率过小，补偿不了混凝土的干缩，填芯混凝土与管壁间结合不紧密，不能传递拉力。在确定了限值膨胀率和限值干缩率后，生产补偿收缩混凝土或微膨胀混凝土时，采用膨胀剂的品种和数量应通过试验确定，试验应按现行国家标准《混凝土外加剂应用技术规范》GB 50119的有关规定执行。

对于承压桩，统一采用桩顶填芯混凝土中埋设连接钢筋的连接方法；对于抗拔桩，提供两种做法：①桩顶不截桩时与承台连接方法；②桩顶截桩时与承台连接方法。采用桩顶不截桩时与承台的连接方法时，如果拉力较大，还应验算端板的厚度，使其满足受力要求，必要时还应在管桩内设置端板锚固钢筋；也可以采用桩顶截桩时与承台的连接方法。

7.2 桥　墩

7.2.1 采用灌浆连接套筒和金属波纹管连接建造的预制桥墩，一些构造细节和指标要求与传统现浇混凝土桥墩存在差异，这些差异包括灌浆套筒和金属波纹管的布置、进浆口、出浆口、管道、定位装置、吊点及构造设置等，均需在设计中予以考虑，并在设计图纸中给出说明。

7.2.2 试验研究表明，沿截面布置若干适当分布的纵向钢筋，纵向钢筋和箍筋形成一整体骨架,当混凝土纵向受压,横向膨胀时,纵向钢筋也会受到混凝土的压力,这时箍筋给予纵向钢筋约束作用。因此,为了确保对核心混凝土的约束作用,墩柱的纵向配筋宜对称布置,纵向钢筋之间的距离不宜超过 200 mm,至少每隔 1 根宜用箍筋或拉筋固定。同时,为了减少套筒的数量以避免套筒间距过小,建议采用大直径(36 mm、40 mm)钢筋。

7.2.3 连接套筒通常比纵向钢筋尺寸大,易导致截面拥挤。为确保混凝土浇筑密实,给出了套筒间净距的构造要求。

7.2.4 为确保灌浆套筒在箍筋约束下对核心混凝土形成一个可靠的约束,同时便于施工中对套筒进行整体的安装,应在灌浆连接套筒压浆口下缘处设 1 道箍筋。

7.2.5 考虑到预制桥墩的耐久性要求,立柱中的金属波纹管和主筋净保护层厚度宜不小于 50 mm;金属波纹管直径通常比纵向钢筋尺寸大,易导致截面拥挤,为确保混凝土浇筑密实,给出了金属波纹管间净距的构造要求。

金属波纹管在混凝土中的锚固能力与金属波纹管保护层厚度是相关的,目前的试验案例中,金属波纹管距离混凝土边缘的保护层厚度均大于 100 mm,尚不确定在保护层厚度更薄时,按目前规范中规定的金属波纹管锚固长度是否足够。

7.2.7 在上海典型预制拼装桥梁工程中,如 S6 新建工程、嘉闵高架北二段新建工程等,桥墩钢筋混凝土保护层厚度超过了 50 mm,且在保护层中未设置钢筋网片,实际运营显示,桥墩混凝土表面状态良好。

7.2.8 实际施工中需通过垫层厚度调整立柱高度和平整度等的要求,同时考虑到预制立柱受力要求,砂浆垫层厚度不宜过大;考虑到接缝层浇筑密实,砂浆垫层厚度也不宜过小。构件节段之间的拼装采用环氧树脂胶时,其厚度需考虑受力和施工的要求。

7.2.9 考虑到套筒设置在立柱中对立柱自身局部刚度的影响,为确保预制立柱具有足够的延性变形能力和抗剪能力,避免塑性铰区域套筒处箍筋配筋率的突变,箍筋减少宜缓慢变化。

7.2.11 当连接套筒或波纹管位于盖梁或承台内时,为确保预制拼装桥墩柱身塑性铰区域具有可靠的延性能力及纵向钢筋与套筒或波纹管可靠的锚固,参考行业标准《城市桥梁震设计规范》CJJ 166—2011 及《公路桥梁抗震设计规范》JTG/T 2231—01—2020 的要求,规定加密区域配置的箍筋应延续到盖梁和承台内,延伸长度不宜小于墩柱长边尺寸的 1/2,并不应小于 50 cm,建议在满足现有抗震设计规范构造要求的情况下,延伸到盖梁和承台的距离还不应小于连接套筒或波纹管的高度。

7.2.13 预制盖梁采用横向分段拼装建造时,参考预制节段箱梁的构造,从施工和受力角度出发,盖梁节段截面上宜采用剪力键方式,剪力键方式可参考预制节段箱梁剪力键的构造要求,同时推荐采用配筋剪力键形式,这样可以提高施工过程中剪力键抗剪能力。

7.2.14 桩柱式桥墩的立柱、系梁采用同时预制拼装时,系梁上、下连带预制立柱长度如图 11~图 13 所示。拼接缝设置为斜面时,斜交角 α 应尽可能大,不宜小于 60°。

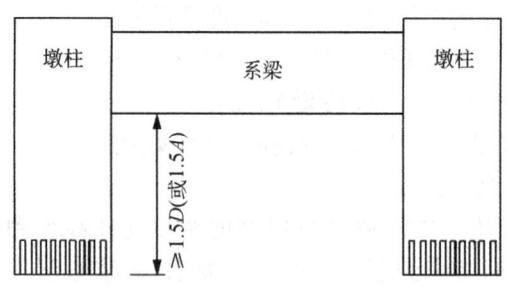

图 11 顶部系梁预制示意图

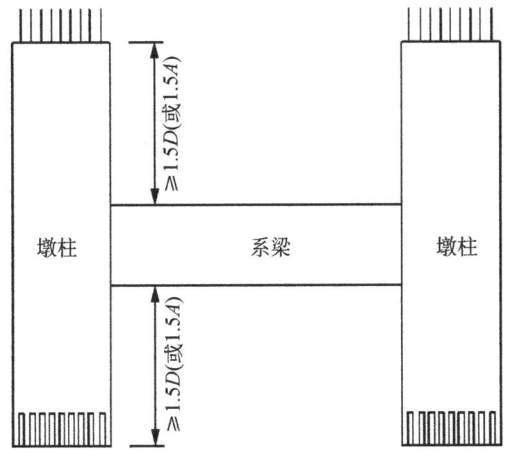

图 12 中部系梁预制示意图

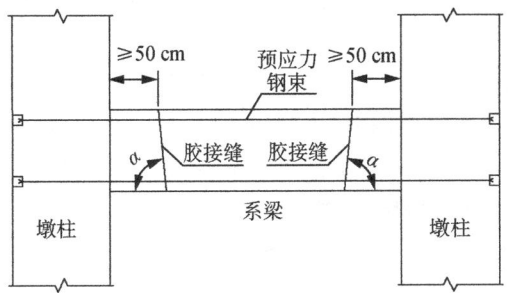

图 13 系梁设置预应力预制示意图

7.3 混凝土节段梁

7.3.2 在现有技术条件下,体外预应力钢束的外裹层无法达到与主体结构同等使用年限。因此,必须将体外预应力钢束设计为可更换形式,并应在混凝土节段梁内部预留充足的运输、更换及张拉空间。

城市桥梁尤其是高架桥梁通常承担较大的交通流量,桥面完全封闭交通或半封闭交通均会对城市运营带来不良影响。设计中,应保证在更换单根体外预应力钢束时主梁能满足承载力及正常使用极限状态的要求,受力控制指标可略降低要求。

体外预应力钢束宜设计为可按单股钢绞线更换、张拉的形式。主梁转向构造的永久受力状态越好,钢绞线更换施工对主梁的短暂影响会越小。

7.4 混凝土小箱梁

7.4.1 横隔梁可提高结构整体性。跨内横隔梁的数量,可根据结构计算结果确定。在主梁顺桥向受力、支点横隔梁横桥向受力、桥面板横桥向受力等均能满足设计要求的情况下,宜取消跨内横隔板,以减少现场工作量。

7.4.2 混凝土小箱梁上翼缘横向现浇缝宽度在以往的设计中通常取 50 cm,小箱梁翼板横向伸出环形钢筋,现场再安装带 2 个圆端头的环形钢筋及若干顺桥向贯通钢筋。上述构造的现场工作量较大、施工速度较慢,为简化施工程序,本标准主编单位提出了条文中的设计方案、完成了相关模型试验,并已在上海多个工程中应用,效果良好,推荐采用(图 14)。

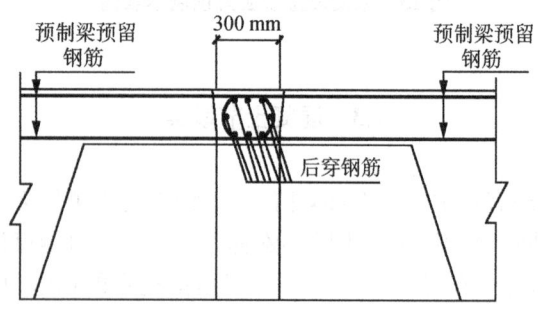

图 14 桥面板窄接缝构造示意图

7.4.3 采用深埋锚可减少端部钢筋的折断,也可方便封锚(图15)。

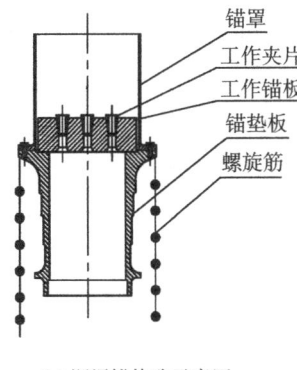
(a) 深埋锚构造示意图

(b) 深埋锚运用照片

图 15 深埋锚示意图

7.5 钢梁及钢-混凝土组合梁

7.5.1 钢腹板采用较薄板厚并设大量纵横向加劲肋是国内设计行业多年的习惯,这能够节省工程材料用量,但却带来加劲肋数量多、焊缝条数多、涂装面积大的问题,存在的缺陷易引起结构耐久性不足。

随着近年来钢桥制造人工费日益上涨的趋势以及深入分析钢桥养护中发现的问题,如设计师在标准结构中减少加劲肋数量、涂装面积及焊缝条数能够有效地降低构件制造成本及后期养护的工作量,这对工程经济性是有利的。本标准建议通过适当增加腹板厚度来简化整体构造。

7.5.2 钢桥构件通常体量较大、表面数量多且形状复杂,宜采用易于施工及修复的防腐体系。

目前,国内桥梁较难接受耐候钢,主体结构常用的防腐体系有复合涂装、热喷锌(或锌铝合金)等。

复合涂装的喷涂操作及配套设备简单、施工容错性好、维修复涂方便,而热喷锌(或锌铝合金)的操作及配套设备较为复杂、施工过程控制及维修的要求极为严格。相对而言,复合涂装更适用于钢结构主体防腐。

镀锌、渗锌通常用于小体积构件或断面较小的长条形构件,不适用于常规钢桥构件。小跨径桥梁中采用断面较小的轧制构件或焊接组合构件时,可采用热喷锌(或锌铝合金)、镀锌或渗锌等方法防腐。

7.5.3 本条规定的钢桥结构防腐年限应不少于 15 年,主要是针对涂装防腐方法并参考长效型涂料防腐年限提出的。热喷锌(或锌铝合金)、镀锌、渗锌的防腐方法,其有效年限应大于 15 年。

7.6 桥梁护栏

7.6.2 桥梁护栏分段长度主要考虑运输和吊装方便,可根据运输吊装条件调整分段长度。

7.6.3,7.6.4 应避免出现预制护栏接缝漏水的情况发生。

7.6.6 考虑到预制桥梁护栏受力要求,砂浆垫层厚度不宜过大;考虑到接缝层浇筑密实,砂浆垫层厚度也不宜过小。

8 工厂预制

8.1 一般规定

8.1.2 立柱模具的组装可参考下列规定：

1 立柱采用水平组装，竖直成型工艺。因此，立柱模具的组装应在专用的组装翻身架上进行。组装翻身架应经过专业设计、加工，应具有足够的强度、刚度和适用性。

2 在组装翻身架上先水平组装模具的 3 个侧模，然后将钢筋骨架整体吊运到模具内，将安装有套筒的定位底模一端与组装翻身架用定位销轴固定。初步检查所有埋件和保护层垫块安装是否正确，最后组装模具的上部侧模。

3 模具的合缝螺栓应对称逐步拧紧，采用扭力扳手校核拧紧力矩，使其符合模具设计要求。

4 采用专用吊具吊住模具上端，缓慢提升，翻转成竖直状态，松开定位销轴，吊运至成型工位就位，与底座通过螺栓连接牢固。

5 模具组装时，所有的合缝口均应粘贴止浆密封条。

盖梁模具组装可参考下列规定：

1 盖梁钢模由底座、侧模、端模和其他辅助配件组成。底座固定于成型工位，每次均组装和拆卸侧模和端模。

2 将钢筋骨架整体吊运到底模上就位，将安装灌浆套筒的定位底模与盖梁底模固定。检查预应力筋孔道波纹管线形位置是否正确、顺畅。预应力筋孔道波纹管应采用"井"字形架立钢筋固定，在直线段按 800 mm 间距设置，曲线段按 500 mm 的间距设置。安装好的锚垫板尾部与波纹管套接，波纹管套入锚垫板的深度不小于100 mm,其接缝填塞严密,采用防水胶布缠裹。定位后的管道应平顺,其端部的中心线应与锚垫板相垂直。

3 安装侧模和端模。所有的合缝口均应粘贴止浆密封条。合缝螺栓应对称逐步拧紧,采用扭力扳手校核拧紧力矩,使其符合模具设计要求。

4 检查灌浆套筒引流管、吊点、支座、支座PVC管预埋件和外引接地钢板等的相对位置是否符合设计要求,并可靠固定。

8.1.5 垫层砂浆连接拼接缝处的构件表面在浇筑完成后应及时凿毛至完全露出新鲜密实混凝土的粗集料,并应用洁净水冲洗干净。砂浆拼接缝处的构件表面在浇筑完成后应及时进行粗糙处理,完全露出密实混凝土的粗集料,并应用洁净水冲洗干净;环氧拼接缝处的构件表面在浇筑完成后应清除脱模剂,保证接缝面干燥、干净,并使混凝土表面尽量平整。

8.1.7 预制构件的质量评定应符合现行行业标准《公路工程质量检验评定标准　第一册　土建工程》JTG F80/1或相关地方验收标准的规定。预制构件的质量评定应符合现行行业标准《行业标准城市桥梁施工与质量验收规范》CJJ 2及相关地方验收标准的规定。

预制构件生产完成后,应进行出厂检验,检验合格后出具出厂合格证,合格证内容应包含混凝土强度等级、保护层厚度、隐蔽检查记录等。

8.4 立柱、盖梁预制

8.4.1 立柱实际预制长度应考虑与承台和盖梁拼接缝间的调节垫块厚度。

8.4.2 盖梁钢筋笼制作应考虑后续施工如吊装、空间姿态调节、预应力张拉、制作安装等施工工序所需的预埋件。

8.4.4 立柱如采用水平预制,上表面不容易收光和导致套筒部位混凝土存在不密实现象,故建议采用竖向预制。

8.4.7 立柱节段间拼装应设置调节设备,对上节立柱进行空间姿态调整。

8.5 混凝土节段梁预制

8.5.5 应严格依据设计单位及施工监控单位监控指令提供的梁段控制点坐标、标高等参数进行预制,准确控制梁段的几何形状。同时在预制过程中,每榀节段预制完成后,及时进行测量复核工作,并将测量结果及时反馈给监控单位,以确定后续节段的预制参数。

8.7 钢梁及钢-混凝土组合梁预制

8.7.3 钢梁加工前,应制定详细的加工工艺,包括钢材矫正,放样画线,加工切割,再矫正、制孔,边缘加工、组装、焊接,构件变形矫正,摩擦面加工,试拼装、工厂涂装等,具体工艺质量要求参照现行行业标准《公路桥涵施工技术规范》JTG/T 3650 的要求。此外,焊接工艺评定报告是编制焊接工艺单的依据,焊接工艺单是焊接操作的唯一依据。通过评定选择合适的焊接材料、焊接方法、施焊条件及焊接工艺参数,从而确保焊接接头的性能满足设计要求。

8.7.4 为提高混凝土桥面板安装精度,可在钢梁地面焊接定位板,引导桥面板定位。预制桥面板与钢梁之间通过湿接缝连接成整体,为保证预制桥面板与湿接缝混凝土的连接牢固,要求预制桥面板的四周和顶面进行凿毛处理,且要求露出粗骨料,以加强其粗糙度。

8.9 灌浆连接套筒厂内安装

8.9.2 行业标准《公路桥涵施工技术规范》JTG/T 3650—2020 中

第4.3.4条规定了机械连接的相关要求。

8.9.6 为确保连接安全可靠,灌浆连接套筒上不得焊接。盖梁灌浆套筒压浆口和出浆口可采用"井"字形钢筋支架固定,立柱灌浆套筒压浆口和出浆口采用U形钢筋卡扣固定,防止套筒在混凝土浇筑的过程中发生位置偏移。当采用点焊固定压浆管和出浆管时,需复查压浆管和出浆管是否完整,确保未在焊接过程中损坏。

8.10 灌浆金属波纹管厂内安装

8.10.1 除应满足本标准中对波纹管的要求,波纹管还应符合现行团体标准《钢筋锚固用灌浆波纹钢管》T/CECS 10098的规定。

8.10.2 满足本标准要求的金属波纹管在一般情况下不会在浇筑时发生变形。在一些极端工况下,可根据施工工艺采取一定的措施(如内衬钢管),以保证其不变形。

8.10.4 为确保连接安全可靠,金属波纹管上不得焊接。

9 厂内吊装及厂外运输

9.1 一般规定

9.1.2 立柱、盖梁、小箱梁等超重超限构件在运输前需要获得道路管理相关部门的批准。主要需要复核的通行能力包含道路和桥涵承载能力、限高、限宽、转弯半径等。

9.2 构件堆放

9.2.1 预制构件堆放的场地应平整压实，不得有积水，构件与地面之间应留有一定空隙，堆放构件时应用木方或垫块垫实，不宜直接堆放于地面上。预制构件转场的设备应满足构件尺寸和载重要求。

9.2.3,9.2.4 预制构件用运输车辆进行转场时，宜按结构构件受力状态和形状选择不同放置方式，应进行受力验算，并正确选择支垫位置。预制构件应按吊运及安装次序堆放，且要有一定的通道。

9.2.5 预制构件应按照重心位置、刚度及受力情况制定对应的堆放方案，竖放时应考虑必要的支护措施。

9.3 吊 装

9.3.1 设备使用前应检查机具的维修、使用、检验记录。使用过程应符合现行行业标准《建筑起重吊装工程安全技术规程》JGJ 276 的要求。

9.3.2 吊点设置应充分考虑构件重心位置、刚度及受力情况。

9.3.3 吊具在多次使用后容易出现损伤,故应对吊具进行检查和及时调换,宜结合使用频率及吊装重量考虑一定的通用性。

9.3.6 构件出场前,需要将立柱由竖直状态翻转至水平状态,进行接触面凿毛、构件中灌浆套筒通畅性检查等工作。翻转过程中应做好混凝土保护措施,采取布卷、木方等柔性无污染搁垫物,不宜使用橡胶制品。

9.4 厂外运输

9.4.2 由于立柱、盖梁等下部结构在运输阶段临时支点位置与设计支承位置可能有偏差,需要对构件整体安全性进行验算。

10 现场拼装

10.1 一般规定

10.1.3 拼装前,施工单位应设计专项施工方案,明确预制拼装桥梁各部位施工工艺、安全风险源及应急措施,并按管理规定对各级人员进行交底。

10.1.4 由于操作工人需进行空中作业,因此需选择全身式安全带。同时,如人员上、下采取支架模式,则对交通仍产生较大影响,参考国外发达国家和船厂施工作业工具,人员高空作业宜采用专用高空作业车。为了安全,还应配备其他必备的安全设施,如安全帽、防滑鞋等。

10.1.8 当气温较低时,如不采取保温措施,高强无收缩水泥灌浆料早期强度增加非常缓慢。因此,在冬季施工时,应对高强无收缩水泥灌浆料和拌合用水进行保温。UHPC 材料对温度更加敏感,施工气温低于5℃时,应立即停止施工。

10.2 基桩施工

10.2.6 液压振动锤的工作原理是液化土壤,依靠自身重量沉桩。黏土的黏性大,会粘连在桩身,必须依靠大的振幅才能使桩下沉。砂土颗粒大,液化性能相较黏土略差,需要较高的频率将其液化。

建筑物与振动锤的共振频率约为 800 r/min～1 200 r/min,如果振动锤的工作频率低于 23 Hz,也就是 1 380 r/min,振动频率将会与周边建筑物形成共振,对其形成危害。

成桩的最后 8 m～10 m,让桩多振动一会儿,可提高土壤密实度和桩基承载力。

桩头应完全进入夹板后方可确保振动锤与桩头平行,桩基保持垂直。

通常,施工时偏心块位置保持最大,偏心力矩处于最大值,而偏心力矩×转速＝激振力,这样激振力能够在同等频率下达到较大数值。之后,通过调节转速来调整激振力大小。

10.3 整体式立柱、整体式盖梁拼装

10.3.6 精度是立柱、盖梁拼装是否成功的重要因素之一。按照目前经验,为控制精度,可采取以下施工方式:

1 立柱拼装工艺流程

拼接面凿毛、清理→拼接缝测量→铺设挡浆模板→调节垫块找平→充分湿润拼接缝表面→铺设砂浆垫层→立柱吊装初步就位→调节设备安放→垂直度、标高测量→调节立柱垂直度→灌浆套筒连接、灌浆金属波纹管连接。

2 盖梁拼装工艺流程

拼接面凿毛、清理→拼接缝测量→铺设挡浆模板→调节垫块找平→拼接缝表面充分湿润→铺设砂浆垫层→盖梁吊装初步就位→调节盖梁空间坐标→灌浆套筒连接或灌浆金属波纹管连接。

10.4 节段式立柱、节段式盖梁拼装

10.4.1 环氧类粘结剂对截面的要求比较严格,故拼装前应对拼接缝处进行处理。

10.4.2 盖梁分三段预制时,按拼装部位分固定段节段盖梁和拼装段节段盖梁。

1 固定段节段盖梁可遵循以下工艺流程:

拼接面清理→拼接缝测量→铺设挡浆模板→调节垫块找

平→拼接缝表面充分湿润→铺设砂浆垫层→固定段节段盖梁吊装就位→调节固定段节段盖梁空间坐标→灌浆套筒连接或灌浆金属波纹管连接。

2 拼接段节段盖梁可遵循以下工艺流程：

表面处理并充分干燥→拼接段节段盖梁现场试拼装→涂刷环氧树脂胶→拼接段节段盖梁拼装→安装临时固定措施装置→盖梁轴线、标高测量→节段盖梁调整→永久预应力钢筋施工→拆除临时固定措施装置。

10.4.4 竖向预应力张拉前应对张拉千斤顶及压力表进行配套标定，施工时压力表与千斤顶应配套使用。安装工作锚板时，锥孔与钢绞线编号要对应。张拉时，需采用专用的工具锚和限位板。应用竖向预应力时，锚具安装和张拉：在张拉端安装工作锚板和工作夹片，再安装张拉工具和设备。张拉需按照已经批准的张拉程序和施工作业指导书进行。

10.4.5 参照现行行业标准《预应力混凝土桥梁预制节段逐跨拼装施工技术规程》CJJ/T 111，对立柱节段间环氧树脂胶作出了具体的施工要求。

10.4.7 控制盖梁节段间连接牢固，应保证节段拼接面的混凝土受压应力不得小于一定值。

10.5 节段梁拼装

10.5.1～10.5.4 参照现行行业标准《预应力混凝土桥梁预制节段逐跨拼装施工技术规程》CJJ/T 111，对逐跨拼装施工中的节段提升及悬挂、胶接缝、预应力施工等作出相应的规定。

10.5.4 行业标准《预应力混凝土桥梁预制节段逐跨拼装施工技术规程》CJJ/T 111—2006 中第 6.4.4 条规定："当设计对张拉力没有要求时，匹配面的混凝土压应力不得小于 0.3 MPa"。对于某些吊杆体系转换或永久预应力张拉的临时工况，应进行计算分析和监控,以确保拼装施工时节段拼接面始终不受拉,从而确保结构的耐久性。实际工程中,混凝土拼接面平均压应力可控制在 0.3 MPa～0.35 MPa。

10.5.5 节段梁悬臂拼装施工可参照现行行业标准《公路桥涵施工技术规范》JTG/T 3650 的具体施工要求。

10.6 混凝土小箱梁安装

10.6.2 先简支后结构连续的混凝土小箱梁施工的程序应符合设计规定,应在一联梁全部安装完成后再浇筑湿接头混凝土。考虑到混凝土受温度影响,为了避免出现温度裂缝,湿接头的混凝土宜在一天中气温相对较低且均匀稳定的时段浇筑,养护时间应不少于 14 d。

10.8 桥梁护栏拼装

10.6.1 T 梁、I 梁、小箱梁、板梁等多梁体系上部结构,如不做横向连接就开展护栏拼装,易发生边梁倾覆的情况。

10.9 灌浆连接工艺及检测

10.9.2 为保证每个连接部位高强无收缩水泥灌浆料强度达到设计要求,应在拼装前一天对每批次灌浆料进行流动度测试及 1 d 龄期抗压强度测试,只有符合本标准第 4.3.1 条的规定后方可用于现场拼装连接。

10.9.5 灌浆工艺中某一个套筒压浆如不保证连续,则该套筒失效,应采用高压水枪及时清理已填充的灌浆料。因此,为了保证每个套筒的可靠度,必须考虑应急预案。

10.9.8 灌浆质量关系灌浆套筒连接的可靠性,有必要在工艺控制的基础上增加检测方案,从流程设计上进一步提高施工质量。

灌浆质量包含灌浆饱满度和浆料质量等多项评价内容(图16)。

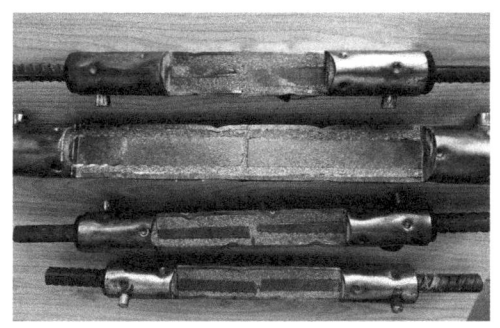

图16 致密饱满的灌浆案例示意

目前已开展的灌浆质量检测多针对灌浆套筒开展,理论上来说,灌浆金属波纹管的检测可参照灌浆套筒的检测方法执行。

10.9.9 盖梁中存在较多距离混凝土外表面较远的灌浆套筒,目前芯片法、阵列超声成像法对埋置在混凝土中深度较深的灌浆套筒检测存在局限性,可采用压力传感器法进行检测。芯片法和阵列超声成像法的应用范围,宜控制在套筒侧面埋深不超过200 mm。压力传感器法应在灌浆过程中进行检测,若存在异常,可立即进行现场补浆。